미니멀리스트 자전거여행 바이블
자전거를 타고 세상을 만나다

노마드 **박주하** 지음

미니멀리스트 자전거여행 바이블
자전거를 타고 세상을 만나다

초판 1쇄 펴낸 날 / 2019년 3월 20일
초판 2쇄 펴낸 날 / 2020년 9월 18일

지은이 • 박주하 | 펴낸이 • 임형욱 | 본문디자인 • 예민
펴낸곳 • 행복한책읽기 | 주소 • 서울시 종로구 창신11길 4, 1층 3호
전화 • 02-2277-9217 | 팩스 • 02-2277-8283 | E-mail • happysf@naver.com
인쇄 제본 • 동양인쇄주식회사 | 배본처 • 뱅크북(031-977-5953)
등록 • 2001년 2월 5일 제2014-000027호 | ISBN 979-11-88502-12-7 13980
값 • 19,000원

ⓒ 2019 행복한책읽기
Printed in Korea

※ 이 책은 텀블벅 크라우드펀딩에 참가하신 후원자님들의 도움으로 제작되었습니다. 펀딩에 참가하신 분들의 명단입니다(알파벳순, 가나다순. 닉네임인 경우 본명은 괄호 안).
blossom(김상현), Chanjin Jeon(전찬진), JeongJa Lee(이정자), Jihoon Moon(문지훈), Kim San(김진태), Yeji Jeong(정예지), 강두성, 강상규, 강철현, 고방원, 고학(서재영), 공평화, 구광본, 김경오, 김도균, 김동규, 김봉식, 고르비(김영삼), 김평기, 김현성, 김형진, 나이스민(이정민), 노래짱(황보창환), 더좋은날은지금부터(최병삼), 두현보승(김시영), 러시아인(이윤), 맥가이버, 맹진훈, 모도왕자(장형순), 바오로(조용갑), 박동식, 박성규, 박정규, 박진석, 방사능(나인광), 사비안(조흥철), 산꾼(심보훈), 서경숙, 솟대의꿈(문종섭), 신경아, 아정(박철범), 아주멋진(최재욱), 유찬연, 윤선이, 은결아빠(허철범), 이갑만, 이동준, 이만량, 이상발(이상진), 이성배, 이윤재, 이재호, 이진희, 이태호, 이현희, 인보(정인수), 자몽(김찬곤), 자작나무(박창경), 잠만곰(김형태), 장연식, 정용무, 조명희, 조정국, 자장구(지광용), 진정한자전거(박선영), 차규호, 천진선인(하윤영), 최경옥, 한기식, 현돌(박재현), 현장(이봉희), 형무(허형무), 홍현정

미니멀리스트 자전거여행 바이블

자전거를 타고 세상을 만나다

노마드 박주하 지음

행복한책읽기

CONTENT

프롤로그 '노마드스쿨' 이란   8

Part I 자전거여행 입문

제1장 자전거여행 시작하기   13
제2장 자전거여행의 장점   19
제3장 자전거 피크닉   27
제4장 자전거테라피   31
제5장 빗속 안전라이딩   35
제6장 야간 라이딩의 매력에 빠져 보자   45
제7장 겨울철 서바이벌 라이딩 필수품   53
제8장 아이들과 즐거운 자전거여행을 하려면   60
제9장 유형에 따른 자전거여행 계획   63
제10장 자전거여행 왕초보를 위한 50가지 제언   73

Part II 자전거여행 준비

제11장 여행용 자전거의 선택	87
제12장 여행용 전기자전거의 특징과 선택	100
제13장 자전거여행 필수 준비물	117
제14장 패니어와 트레일러의 장단점	127
제15장 텐트의 특성과 선택	134
제16장 텐트를 오래 쓰려면	160
제17장 미니멀리스트 바이크패킹	166
제18장 자전거와 타프의 아름다운 동거	185
제19장 겨울철 자전거여행	193
제20장 스페어 부품이 없을 때 응급처치	203
제21장 자전거도난예방 십계명	212

CONTENT

Part III 여행 일반

제22장 스텔스 캠핑	221
제23장 해외여행비 최소화 전략	237
제24장 안전하고 성공적인 히치하이킹	251
제25장 여행중 IT 기기 배터리 충전	257
제26장 스마트폰으로 여행사진 촬영하기	263
제27장 안전한 현금보관 십계명	269
제28장 솔로여행의 장점	274
제29장 성공적인 솔로여행을 위한 십계명	279
제30장 관광객과 여행가의 차이점	284

Part IV 서바이벌

제31장 서바이벌 키트	291
제32장 서바이벌 파라코드 50가지 활용법	295
제33장 서바이벌 타프 10가지 활용법	325
제34장 겨울철 생존 시나리오	337
제35장 야외조난 생존 십계명	343
제36장 두려움과 공포심 이겨내기	354
제37장 생존심리학	362
추천사	382

프롤로그

'노마드스쿨' 이란

버림과 비움의 자전거여행을 통하여 미니멀리즘, 서바이벌리즘, 노마디즘의 세계로 나아가는 영혼의 나침반으로서, 현재 페이스북에서 '노마드스쿨' 이란 페이지를 베이스캠프 삼아 운영 중이다.

미니멀리즘 (minimalism)

단지 물질적으로 작고 적고 가벼운 것만을 의미하는 게 아니라 정신적으로도 무거운 짐을 벗어던지고 욕심없이 행복하게 살아가기 위해 마음을 비우고 복잡하지 않은, 보다 단순한 삶을 영위하려는 자세를 의미한다. 완벽함이란 더 보탤 것이 남아 있을 때가 아니라 더 이상 뺄 것이 없을 때 완성된다.
적을수록 더 좋다(Less is better).

서바이벌리즘 (survivalism)

미래에 예상되는 긴급상황에 적극적이고 능동적인 대처를 하기 위한 모든 행위로서, 천재지변, 사회의 정치적/경제적 혼란, 개인의 육체적/정신적 조난, 국제간의 문화/정치/경제/종교적/군사적 대재난 및 글로벌 재앙에 준비된 삶을 살아간다.

    준비된 자만이 승리한다(Amat victoria curam).

노마디즘 (nomadism)

    특정한 가치와 기존의 삶의 방식에 얽매이지 않고 자신을 끊임없이 부정하면서 새로운 자아를 찾아 나아가는 정신으로서, 이는 탈학습(脫學習)과 탈세뇌(脫洗腦)를 통해 어느 것에도 의존되거나 통제받지 않고 독립적 주체성을 잃지 않는 것이다.

    Unlearning, Unbrainwashing.

Part I 자전거여행 입문

"나는 아무것도 바라지 않는다.
나는 아무것도 두려워하지 않는다.
나는 자유다."
"I hope for nothing.
I fear nothing.
I am free."

— Nikos Kazantzakis

제1장 자전거여행 시작하기

'자전거여행'의 하드웨어적 정의로는 '자전거를 교통수단으로 하는 여행'을 의미하며, 소프트웨어적 정의로는 '다양한 문화와 대자연에 몸소 부딪치면서 느림과 비움과 침묵의 철학을 깨달아 가는 과정'을 의미한다.

여행을 지원해 주는 형태에 따라서 차량지원여행(Car Supported Tour)과 무지원여행(Unsupported Tour)이 있으며, 무지원여행은 다른 표현으로 독립여행(Independent Tour) 또는 자유여행(Free Tour)이라고도 부른다.

어디로 갈 것인가?

어디로 갈 것인지는 문제되지 않는다. 일단 그냥 떠나보라.
시작이 반이다!
개천길이든 강변길이든 해변길이든 한가로운 길이면 어디든지 좋다. 할머니댁, 친정 등 친척집이나 친구집이 하루 거리라면 훌륭한 목적지이다. 목적지가 멀리 떨어져 있다면 교통이 덜 혼잡하고 위험하지 않은 길로 우회 통과하는 것이 좋다. 거리가 멀수록 무리하지 말고 자신의 페이스에 맞추어야 한다.

하루에 얼마나 멀리 갈 것인가?

50km든, 100km든, 150km든 정답은 없다.
체력이 뛰어난 베테랑들은 "서울서 속초로 껌 사러 간다"는 우스갯소리를 하며 한나절에 도착하기도 하고, 서울서 부산이나 서울서 해남 땅끝마을까지 24시간 이내에 도착하기도 하지만 그것은 단지 빨리 가기 위한 레이싱일 뿐 여행은 결코 아니다.
따라서 자전거여행을 위한 일반적인 평균 거리는 하루 80~100km가 적당한데 이 또한 각자의 취향이나 개성에 따라 충분히 가감될 수 있다.
집으로 돌아올 땐 전철이나 고속버스를 이용하는 것도 가능하며 전철의 경우 주말이나 공휴일을 제외한 평일엔 자전거 탑승이 제한되는 경우가 대부분이니 사전에 반드시 확인하도록 하자.

자연, 교통, 문화환경에 따른 고려사항

　주행 속도는 도로의 경사도나 포장상태에 따라 많은 영향을 받는다. 또한 풍향과 풍속에 따른 영향도 적지 않다. 다행히 뒷바람일 땐 평균속도보다 더 나아갈 수 있지만 강한 맞바람일 땐 저항을 받아 속도가 많이 떨어지므로 절대 무리하지 않도록 한다. 옆바람이 강풍인 경우 넘어질 수도 있으니 안전을 위해 바람이 약해질 때까지 쉬었다 가도록 한다.
　한편 트래픽이나 갓길 여부 그리고 편도1, 2차선에 따라 주행 속도와 위험도가 영향을 받으니 이에 따른 충분한 검토를 해야 한다. 추가적인 안전을 위해서 자전거 뒤꽁무니에 보호깃발을 달고 눈에 잘 띄는 색상의 안전조끼를 입기도 한다.

다양한 지방축제에 따라 전통음식이나 전통막걸리 같은 먹거리와 볼거리들은 여행 중에 잊혀지지 않을 훌륭한 추억이 된다.

밤에 어디서 잘 것인가?

가이드가 모든 걸 챙겨주는 패키지여행과 달리 자신이 모든 걸 풀어 나가야 하는 독립여행에서는 선택가능한 옵션이 많다.

호텔이나 게스트하우스 그리고 요즘 유행하는 에어B&B가 있으며 만약 호텔이 없는 지역이거나 경제적인 이유 또는 특별히 경치가 좋은 경우엔 캠핑을 하기도 한다. 이 경우 화장실이나 샤워실, 식수 등의 인프라가 잘 갖춰져 편리한, 유료 인공 캠핑장도 있지만 아무런 시설이 없이 대자연을 있는 그대로 즐길 수 있는 내추럴 캠핑(또는 와일드 캠핑)도 해볼 만하다. 그러나 캠핑이 금지된 지역인지 허가된 지역인지 확인하여 문제가 없도록 한다.

그 밖에 방갈로나 펜션도 있으며 도심이라면 아파트도 선택 가능하다. 시골이나 산골이라면 현지인들과의 생활을 생생하게 체험해 볼 수 있는 민박을 시도해 보도록 꼭 강추한다.

선진국에선 웜샤워나 카우치서핑이라고 하는 자원봉사 성격의 무료 민박도 있다. 사전에 일찌감치 인터넷으로 검색 후, 미리 신청하여 예약받는 것이 필수이다. 만약 스케줄 변경으로 찾아가지 못할 땐 즉시 통보하도록 하여 노쇼의 실례를 범하지 않도록 한다.

마지막으로, 공원의 정자나 숲속, 폐가, 화장실, 기차역 등 어디서나 하룻밤을 지낼 수 있는 비박(Bivouac)이나 스텔스 캠핑 같은 것도 있다.

숙소를 찾는 가장 일상적인 방법은 뒤뜰에서 일하는 현지인들에게 하룻밤 텐트 쳐도 될지 물어보는 것인데 그들 대부분은 여행객이 잠잘 장소가 필요하다는 걸 이해하고 자기 집 뒤뜰에서 야영하는 걸 기꺼이 허락해 주거나 그런 장소를 찾는 걸 친절하게 도와줄 것이다. 때론 잠만 얻어 자는 게 아니라 조촐한 저녁식사에 이어 아침식사까지 환대받는 뜻밖의 행운을 누릴 수도 있다.

무엇을 먹을 것인가?

자전거여행은 하루에 5,000칼로리 또는 그 이상의 충분한 영양보충이 필수적이다. 여름철엔 충분한 수분 섭취가 필요하며 지나치게 차

가운 음료는 위장에 해로우니 주의하도록 한다. 겨울철엔 따뜻한 음료로 체온 유지를 하는 것이 저체온증을 예방하는 데 매우 중요하다. 예를 들어 뜨거운 코코아는 체온유지와 고칼로리의 음료로서 매우 훌륭하다.

    매점이나 민가가 먼 경우, 충분한 용량의 물통이나 물주머니가 필수이다. 물만 있으면 3주까지 버틸 수 있으나 물이 없으면 3일 만에 갈증으로 사망할 수도 있다. 과자나 초콜릿, 아이스크림, 탄산음료 등은 건강에 별로 좋지 않으므로 가급적 피하도록 한다.
    충분한 양의 탄수화물과 단백질, 지방으로 균형잡힌 음식을 섭취하도록 한다. 통상적인 식사보다 더 높은 함량의 지방, 즉 치즈나 땅콩버터 같은 것들을 추천하며 수시로 육류 등으로 영양을 보충하도록 한다.

    결론적으로 가장 중요한 것은 일단 일상에서 탈출하여 자전거를 타고 달려보기 시작하는 것이다. 짐의 무게나 부피를 가급적 작고 가볍게 하면 도로에서도 집에서처럼 쾌적함을 느끼게 될 것이다. 또한 매일 매일의 왕성한 체력활동으로 소화력과 식욕이 좋아져 무엇이든 맛있고 즐겁게 먹을 수 있게 된다.
    여행 계획 수립에 지나치게 스트레스 받지 말고 여행 자체를 즐기는 것이 중요하다.

    자, 이제 자전거의 페달을 힘차게 밟고 일단 떠나보자!

제2장 자전거여행의 장점

　점에서 점으로 여행하는 패키지여행이나 배낭여행과 달리 선으로 쭈욱 이어지는 자전거여행이나 도보여행은 체력적으론 힘이 드는 반면에 엄청난 장점이 반겨주고 있다. 한 번이라도 자전거여행의 매력에 빠져본 사람들이 또다시 자전거여행을 찾을 수 밖에 없는 이유는 다음과 같다.

1. 자립정신

자전거 타기는 프라이버시와 자유를 위한 엄청난 해방감을 제공하며, 언제 어디서든지 자신이 원하는 대로 갈 수 있다. 기차나 버스 같은 대중교통수단의 시간표에 제한받지 않고 언제 어디서든지 출발하고 도착할 수 있으므로 자신만의 여행일정을 마음대로 짜고 마음 내키는 대로 변경할 수 있다.

2. 적당한 속도감

대부분의 도시에서 자전거로 이동하기가 어떤 다른 운송수단보다도 빠른 경우가 종종 있다. 답답하게 자동차 문을 잠글 필요가 없고 귀찮게 안전벨트를 맬 필요도 없으며, 시동을 걸거나 예열할 필요가 없이 즉시 출발할 수 있고, 연료보충을 위해 주유소에 들를 필요도 없다. 문에서 문으로의 직접적인 운송수단으로서 환승시간의 낭비나 지연을 막아준다. 자전거여행은 산들바람을 느끼기에 충분히 빠르며, 경치를 음미하며 즐기기에 충분히 느긋하다.

3. 유연성 있는 여행 코스

대중교통에 의한 여행과 달리, 자전거여행은 목적지나 경유지를 언제 어디서든지 쉽게 변경할 수 있다. 어떤 운송수단도 가지 못하는 미로나 험로로도 이탈하여 벗어나갈 수 있으며, 생각이 바뀌거나 잘못된 길로 들어섰을 때 즉시 계획을 수정할 수 있다. 피로하거나 날씨가 나쁜 경우, 버스나 트럭에 자전거를 싣고 히치하이킹할 수도 있으며, 지나가다 어느 마을에서든지 내키는 대로 들려서 하룻밤 지내고 갈 수 있다.

4. 경제성

 자동차 월부금, 보험료, 연료비, 주차비, 교통벌칙금, 톨게이트비 등의 지출이 없으며, 유지보수비가 거의 들지 않는다. 무엇보다 무소음, 무탄소, 무공해, 친환경 교통수단이란 점이 큰 매력으로 꼽힌다. 또한 건강한 신체와 건강한 정신을 꾸준히 유지할 수 있어서 의료비가 대폭 절감될 수 밖에 없다. 한편 캠핑을 하거나 또는 농촌이나 산골 마

을을 지나면서 식사와 잠자리에 초대받기도 하여 숙식비를 절감할 수도 있다. 몽골을 비롯하여 중앙아시아와 아제르바이잔과 터키에 이르기까지의 유목민들은 지나가는 나그네에 대한 정성어린 환대가 그들의 오랜 문화와 전통으로 이어져 내려오고 있다.

5. 편리성

언제든지 원할 때 떠날 수 있으며 원하는 레스토랑이나 휴게소에 멈추어 쉬었다 갈 수 있다. 자동차에 비해 매우 단순하여 고장날 부품이 거의 없어 내 다리처럼 친근하고 편리하게 느껴질 뿐이다. 자전거를 주차할 때 도난이 걱정된다 싶으면 방에까지 들여놓을 수도 있어 두 다리 펴고 마음놓고 잘 수 있다.

천재지변으로 인한 도로의 폐쇄로 자동차들의 통행이 지연되고 있는 지역이거나 복잡한 시장에서도 자전거는 끌면서라도 지나갈 수 있다.

6. 문화적 접근성

 관심있는 사람들을 만날 수 있는 접근성이 매우 뛰어나다.
 점에서 점으로 이동하는 자동차나 비행기 여행은 현지문화에의 경험이 단절될 수 있으나 선으로 쭉 이어지는 자전거여행은 그런 장벽이 없이 현지인들과의 접촉이 훨씬 수월하다. 마을에서 벌어지는 결혼식 피로연이나 생일잔치 등의 각종 연회에 초대받기도 하면서 그 지방의 전통음식과 전통주 그리고 전통음악까지도 함께 어울려 접할 수 있으며 현지인들의 생생한 생활방식이나 문화예술을 이해할 수 있는 소중한 기회가 되기도 한다.

7. 자연친화성

소음과 냄새가 거의 없는 자전거의 특성상, 야생동물과 마주칠 수 있는 기회가 늘어난다. 자전거로 지나가다보면 새, 곤충이나 야생동물 또는 나무, 꽃 같은 식물의 관찰이 자연스러워진다. 사방팔방, 위아래로 탁 트여진 열린 시각과 느긋한 속도로 살아 있는 자연의 색상과 움직임이 바로 눈앞에 펼쳐진다. 꽃향기를 맡으며 갈 수 있고 부드러운 산들바람을 맞으며 갈 수 있으며, 숲속에서 미세하게 움직이는 야생의 동식물들 소리를 느낄 수 있다. 날씨의 변화나 계절의 변화를 온몸의 오감으로 느끼면서 대자연과 더불어 하나가 되어가는 자신을 발견하게 되어 삶에 대한 감사함을 깨닫게 된다.

8. 체력증진

자동차나 버스 좌석에 편히 앉아서 여행하는 것은 자전거로 여행하는 건강상의 장점을 결코 좇아올 수 없다. 맑은 공기와 화창한 햇빛을 쐬며 가는 페달링은 어디에도 비할 바 없는 최고의 유산소운동이다. 자전거여행을 하는 동안 체력은 점점 더 탄력을 받게 되어 건강해지고 하반신의 근력이 더욱 향상되면서 하루의 이동거리가 점차 늘어나게 되며 왕성한 근육활동으로 식욕과 소화력이 날로 좋아져 감기 몸살 등의 잔병으로부터 멀어지게 된다. 신체적 지구력 뿐만 아니라 정신적 지구력도 좋아져 매일 매일의 성취감과 행복감으로 건강한 단잠에 푹 빠져들 수 있다.

9. 모험심

　모험여행은 이색적인 반면에, 예상치 못한 면에 빠지게 되는 놀라운 경험을 가져다 준다. 뜻하지 않은 우천으로 인하여 목적지에 도착하지 못하기도 하고, 타이어가 펑크나기도 하지만, 그럼으로써 뜻밖의 불모지대나 해변가를 발견하기도 하며, 스위스 알프스산에서 한국인들을 반갑게 만나기도 하고, 때론 공원 벤치에서 유명한 영화배우나 가수를 만나기도 한다. 모험은 항상 즐거운 건 아니지만, 평생 동안 지워지지 않는 뜻밖의 멋진 추억을 만들어 준다. 엉뚱한 길로 빠졌다가 예상치 못했던 귀한 사람이나 소중한 행사를 접할 수도 있다.

10. 자신감

 대중교통에 의존함이 없이 나 자신의 힘만으로 원하는 목적지에 다가갈 수 있다는 자신감과 아울러 성취감이 커지면서 긍정적인 사고력이 향상된다. 세상 어디든지 원하는 목적지에 다가가면서 살아 있음에 감사하고 대자연에 감사하게 된다.
 자연과 더불어 일체화되어감에 따라 어떤 고난과 위험이 다가와도 살아서 헤쳐나갈 수 있다는 삶에 대한 자신감으로 생존력이 더욱 강해진다.

제3장 자전거 피크닉

자전거 피크닉은 맑은 공기 속에서의 야외 운동과 휴식, 간단하고도 맛난 음식들이 만나는 삼위일체의 멋진 조합으로서 이미 조리된 간편식을 준비해 가는 가벼운 나들이를 뜻한다. 굳이 요란한 캠핑 장비로 삼겹살을 구워가며 옷에 기름 냄새 묻히지 않는 깔끔한 분위기와 품위있는 자전거 소풍을 떠나 보자.

피크닉 음식

1. 운반이 편리한 음식으로 선택하라

울퉁불퉁한 길에서도 부서지거나 깨지지 않고 견딜 수 있도록 잘 포장된 식품이 안전하다. 부서지거나 흩어지기 쉬운 크림케이크 같은 것은 절대 피하라. 마트의 식품코너에는 운반하기 편리하게 잘 포장된 것들이 수없이 많다.

2. 다양한 식기들로 챙겨라

다양한 크기의 락앤락 같은 플라스틱 밀폐그릇이나 지퍼백에 음식을 담아가면 보관하거나 펼쳐서 먹기에도 편리하다. 은박지나 스티로폼 같은 일회용 식기류는 재활용불가 쓰레기가 되므로 절대로 피한다.

3. 다양한 간편식을 챙겨라

김밥, 유부초밥, 구운 계란 혹은 샌드위치 등의 식사류와 치즈, 요구르트 등의 유제품과 더불어 사과, 오렌지, 감귤 등의 과일이나 오이, 상추 등의 채소까지 곁들이면 먹기에 편하다. 적정량의 막걸리와 녹두빈대떡도 훌륭한 조합이다.

4. 깨지기 쉬운 식기나 포장재들은 가급적 피하라

와인이나 와인잔은 진동이나 충격으로 깨지지 않도록 잘 포장하자. 와인병은 자전거의 탑튜브 밑에 매달아 놓으면 안전하다.

마실 것을 꼭 챙겨라

자전거 피크닉에 있어서 막걸리나 맥주 또는 와인 같은 마실 것을 뺀다면 앙꼬 없는 찐빵, 오아시스 없는 사막이나 다름없지 않을까? 분위기 있는 칵테일을 즐기는 사람이라면 믹서기(쉐이커)를 챙겨가는 것도 잊지 말자.

추운 날씨나 뜨거운 폭염에 대비하여 보온병에 뜨거운 물이나 얼음물 또는 음식이 상하지 않도록 아이스팩을 챙겨가는 것도 큰 도움이 된다.
이왕이면 원두커피를 즉석에서 갈아서 내려마실 수 있는 휴대용 핸드드립 세트와 작은 알콜스토브도 준비해 보자. 버번위스키에 칵테일 할 사이다나 콜라까지 준비한다면 금상첨화!!

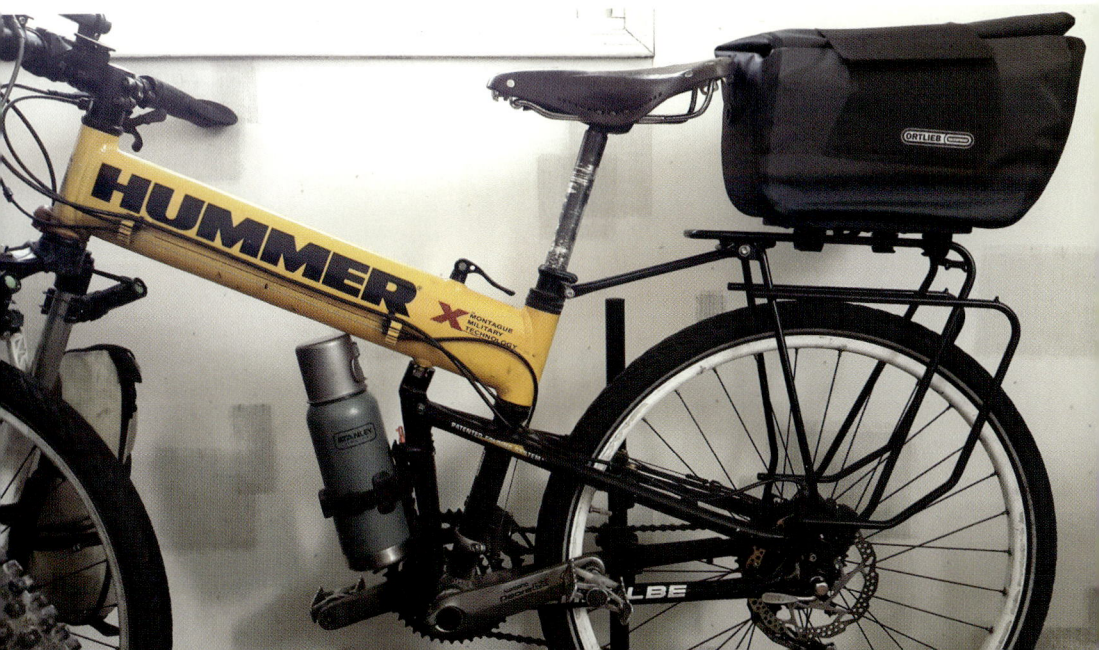

무엇보다 과음은 절대로 피할 것이며 역이나 버스터미널까지는 가급적 자전거를 끌고 가는 것도 잊지 말자.

자전거 피크닉 식기

자전거 피크닉의 기본은 무엇보다 가벼워야 하며, 일회용이 아닌 재활용 가능한 것이라야 한다.

자전거 피크닉 준비물

- 먹거리, 마실거리
- 머그컵, 시에라컵, 그릇(스텐레스, 알루미늄, 티타늄, 플라스틱)
- 숟가락, 젓가락, 포크
- 작은 식탁보
- 가벼운 목재 도마
- 물티슈
- 스위스 나이프
- 백패킹용 조립식 초경량 미니 테이블

제4장 자전거테라피

자전거테라피는 영어로 Bike Therapy(Bicycle Therapy) 또는 Cycle Therapy라고 불리우며 독일어로는 Fahrrad-Therapie라고 불린다.

언제 어디서나 남녀노소 누구나 할 수 있는 자전거타기를 통한 운동치료, 물리치료 및 여행치료의 한 수단으로서, 다이어트, 비만증, 당뇨, 관절염, 고혈압, 위궤양, 우울증, 물리치료 등 육체적, 정신적 질환을 과학적으로 치유하는 활동을 의미한다. 우리나라는 자전거테라피가 아직 체계적으로 정립화되지 않은 단계이지만, 부수적인 치유효과는 이미 오래 전부터 연구되고 활용되어 왔다.

걷기, 달리기, 등산, 수영 같은 유산소 운동 중에서도 백미에 속하는 자전거타기는 심폐기능을 강화하는 데 가장 좋은 방법으로 알려져 있

다. 또한 자전거를 즐기는 여러 동호인들과 함께 땀 흘리며 달리면서 다양한 성격, 직업 및 연령층의 사람들과 원만한 대인관계 능력을 키울 수 있다는 장점도 있다.

자전거타기는 시각, 청각, 촉각, 후각 신경 및 균형 감각에 이르기까지 수많은 감각신경의 원활한 활동을 촉진함으로써 신체의 노화방지에도 탁월한 효과가 있다.

자신의 체력만을 이용하여 자전거로 달리는 여행은 대자연 속에서

보다 겸허해지고 또한 자신감을 가지는 기회를 만들어 준다. 다람쥐 쳇바퀴 도는 일상으로부터 탈출하여 세상을 바라보는 시각을 객관적이고 다양하게 넓혀주고 긍정적이고 진취적인 시야를 갖게 해주며 자연과 세상을 깊고 높게 바라다 볼 수 있는 시력을 키워준다.

피트니스 센터나 실내수영장처럼 인공시설 안의 인공조명 밑에서 하는 운동이 아니라, 야외에서 햇빛의 모든 파장을 쬐며 운동하기 때문에 우울증이 사라지며 기분이 밝아지는 효과까지 거둘 수 있다. 일조량이 높은 지중해 연안의 이탈리아나 프랑스 남부 및 스페인 등지의 라틴 민족성이 쾌활한 것은 바로 이 때문이다.

자동차가 많은 도심을 떠나 특히 나무가 많은 숲속이나 꽃밭 또는 허브향이 바람에 날리는 들판을 자전거로 달리면서 삼림욕이나 아로마테라피 또는 허브테라피를 경험하며 심신의 안정됨과 편안함을 느낄 수도 있다.

자전거타기는 걸어다닐 수 있는 사람이라면 남녀노소 구별없이 누구나 시작할 수 있는 운동으로서, 비만증, 당뇨, 관절염, 고혈압, 위궤양과 특히 우울증에 탁월한 치유효과가 이미 입증되었다. 계절성우울증, 임신우울증, 폐경기우울증, 주부우울증, 노인성우울증 등에 약물치료보다는 자전거타기같은 운동치료가 근본적인 치료에 큰 도움을 주는 것으로 보고되었다.

자, 이제 자전거 안장에 올라서 이 모든 것들이 사라져가는 걸 직접 확인해 보자.

제5장 빗속 안전라이딩

자전거는 화창하게 맑은 날씨에서만 타는 온실 속 레저스포츠나 온실 속 교통수단이 아니다. 생활자전거로 언제 어디서나 전천후 전지형으로 자전거를 타기 위한 빗속 안전라이딩의 요령을 명심하여 잘 지키면 누구나 빗속에서도 안전하게 즐길 수 있다.

1. 눈에 잘 띄는 색상의 안전자켓을 걸쳐라.

　연두색이나 노랑색처럼 눈에 잘 띄는 색상의 반사 안전자켓을 입으면 자동차나 자전거와의 대형사고를 미연에 예방할 수 있다. 안전자켓은 빗속 라이딩에서 뿐만 아니라 러시아워처럼 트래픽이 많은 차도에서도 강추된다. 접혀지는 야광 발목밴드는 빛을 반사해 주고 또한 넓은 바짓단이 체인에 끼는 것도 방지해 준다.

다크자켓 3.0 & 발목밴드(citybike.co.kr)

2. 타이어의 압력을 낮추어 주라.

많은 비가 오래 올 것이 예상되면 출발 전에 타이어의 공기를 살짝 빼서 압력을 조금 낮추어 주고, 가능하다면 보다 넓은 폭의 타이어로 바꾸어 접지저항을 키우면 충분한 제동을 확보해 준다.

다른 얘기지만, 폭염 속 고온의 아스팔트길에서 타이어 압력을 낮춰 주는 것은 타이어 내 공기가 아스팔트 표면의 고온으로 인한 팽창으로 터지는 것을 예방하기 위함이다.

3. 따뜻하게 체온유지를 하라.

방수, 방풍, 발수가 잘 되는 기능성 의류를 입는 것이 매우 중요하다. 빗물에 젖은 채로 달리는 것은 컨디션을 낮출 뿐만 아니라 급경사 다운힐에서의 고속 라이딩시 저체온증에 걸리기 십상이다. 저체온증을 예방하는 방법은 다음과 같다.

● 급경사의 긴 다운힐을 만나게 되면 정상에서 마른 옷으로 갈아입은 후 출발한다.

● 설탕 성분이 없는 뜨거운 커피나 차를 보온병에 준비해 놓았다가 추위를 느낄 때마다 수시로 마시면 즉시 체온을 올려준다.
  초콜릿, 양갱 등의 간식 섭취로 체내 칼로리를 높인다.

● 저체온증이 예상되면 스트레치로 워밍업을 하여 체온을 올려준다.

● 얼굴, 목이나 손에서 빠져나가는 열을 줄이기 위해서 버프나 바라클라바 등을 착용한다.

4. 전조등과 후미등을 켜라.

요즘은 맑은 날씨에서도 안전운전을 위해 전조등을 켜는 자동차나 오토바이가 많아졌다. 위도가 높아 일조시간이 짧은 나라에선 자동차의 시동을 걸면 자동적으로 전조등이 켜지도록 의무적으로 공장출고 시 세팅되어 있다.

자전거의 경우 야간엔 전조등을 곧잘 켜지만 우중엔 켜지 않는 경우를 종종 보곤 한다. 비 오는 날씨나 안갯길에서는 전조등과 후미등을 깜빡이 모드로 전환해서 상대방에게 잘 보이도록 가시성을 최대한 높이는 것이 대형 사고를 예방하는 지름길이다. 다음날 비가 많이 오는 것이 예상된다면 전조등을 오랫동안 켤 것에 대비하여 전날 미리 100% 충전시켜 놓고 예비 배터리까지도 챙겨놓으면 더욱 안전하다.

5. 젖은 도로는 미끄러우므로 속도를 낮추라.

빗물 뿐만 아니라 자동차에서 흘러나온 기름으로 더욱 미끄러워지므로 평소보다 제동거리가 길어짐을 명심하자.

6. 차선을 밟지 않도록 조심하라.

차선의 페인트 표면은 빗물로 인하여 더욱 미끄러워져서 겨울철 얼음 위를 달리는 것처럼 위험해지므로 잘 주시하여 가급적 피하도록 한다.

7. 도로의 패인 구멍, 틈이나 잔해를 피하라.

대형화물 자동차들의 과적 등 도로의 피로효과로 인하여 도로는 점차 패이기 시작한다. 도로보수가 원활하지 못한 곳에선 이렇게 패인 구멍이나 갈라진 틈으로 인하여 자전거가 넘어지기 십상이다.

8. 브레이크를 좀더 이르게 잡아라.

도로 상의 잔모래, 먼지나 수분은 제동효과를 낮추게 한다. 평소보다 일찌감치 브레이크를 잡도록 하고 특히 코너에서 회전시엔 충분히 감속시켜서 넘어지지 않도록 유의한다. 빗속 라이딩 전후에 브레이크 패드를 점검하여 충분한 제동 기능을 확인한다.

9. 눈을 보호하라.

어두운 색의 선글래스 렌즈를 밝은 색이나 투명 렌즈로 바꿔라.
한편 챙이 좁은 자전거용 모자를 착용하면 빗물이 눈속으로 들어오는 것을 막아준다.

10. 핸드폰과 GPS 등 전자기기 방수를 챙겨라.

대부분의 GPS는 방수기능이 비교적 충분한 편이지만 핸드폰은 그렇지 못한 편이다. 또한 핸드폰과 지갑 등 습기에 취약한 것들은 비닐 주머니에 넣어서 젖지 않도록 보호해 준다. 브룩스 같은 가죽안장의 경우 습기에 취약하므로 비가 오는 즉시 비닐봉투나 전용 커버로 덮어준다.

＊추천 제품 : 핸드폰 방수 케이스 : Slim3 Edge(bm-works.co.kr)
방수 안장커버 : Fahrer Kappe(citybike.co.kr)

결론

　빗속 라이딩이 경험이 쌓일수록 전천후 전 지형 라이딩에의 자신감이 높아진다. 한편 빗속 라이딩의 기술이 높아지면서 자신에 대한 만족감과 성취감도 동시에 높아져 간다.

제6장 야간 라이딩의 매력에 빠져보자

야간 라이딩은 주간 라이딩에 비해 여러 가지 이유로 교통사고의 위험만 높은 게 아니라 도난의 확률도 높아진다. 특히 초행길이라면 야간 라이딩을 하지 않는 것을 강추하지만 상황에 따른 사정으로 어쩔 수 없이 하게 되는 경우도 있으니 아래와 같은 주의사항을 잘 지키면 주간 못지 않은 안전한 라이딩을 즐길 수 있다.

1. 전조등/후미등

● 야간 라이딩에 있어서 전조등과 후미등 없이 출발하는 짓은 자신의 무덤을 스스로 파는 것이나 다름없음을 절대로 명심하자.

● 트래픽이 많은 시내의 밝은 차도에서는 불빛 모드를 고정 모드보다는 깜빡이 모드로 해야 자동차 운전자로부터 눈에 잘 띄게 된다.

● 트래픽이 적은 곳에선 전조등의 각도를 좀더 높이고 고정형 불빛 모드로 바꾸어 멀리 넓게 비추도록 하여 전방 시야를 넓히도록 한다.

● 야간 라이딩은 주간보다 훨씬 더 위험하므로 조도가 충분히 높은 라이트를 쓰도록 한다.

● 자전거 고장이나 잘못된 코스 진입 또는 부상 등으로 인하여 계획된 야간 라이딩 시간을 초과할 것에 대비하여 예비 배터리를 준비한다. 이 경우 헤드랜턴이 예비 전조등과 작업용 라이트로 일석이조의 효과를 발휘한다.

● 트래픽이 많아 밝은 시내 차도에서는 후미등만으론 부족할 수 있으므로 적당한 크기의 반사판도 보조로 부착할 필요가 있다. 반사판이 함께 내장된 후미등이면 더욱 이상적이다.

●배낭과 헬멧에도 후미등을 부착하면 더욱 안전해진다.

●후미등은 전조등에 비해 소비전력이 훨씬 낮으므로 솔라 후미등을 이용하면 평생 배터리 걱정을 덜을 수 있다.

2. 야광반사 안전조끼

●거리의 청소부나 교통경찰이 입는 안전조끼와 똑같은 기능이다.

● 자전거 타이어에 야광 반사테가 있으면 측면으로부터 더욱 안전해진다.

● 페달, 헬멧, 배낭에도 야광반사판이나 스티커가 부착되어 있으면 더욱 안전하다.

반사 다크자켓3.0 (citybike.co.kr)

3. 출발 전에 코스를 숙지하라

● 코스를 정확히 숙지해서 어둠 속에서 헤매지 않도록 하라. 낮엔 수없이 다녀 뻔히 알던 길도 밤엔 시야가 훨씬 좁아져서 동서남북이 헷갈릴 수 있다.

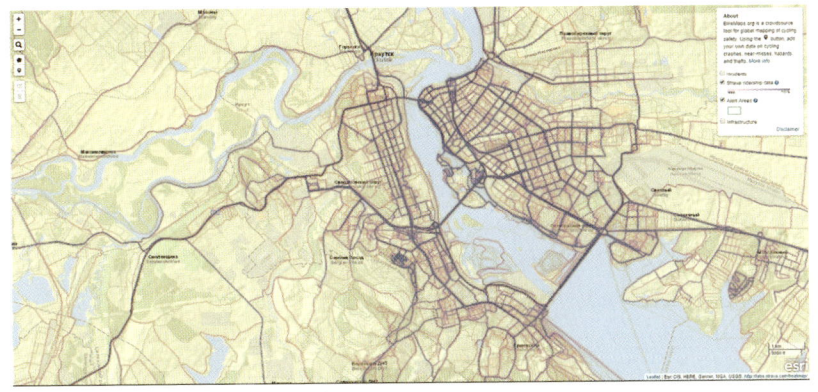

● 초행길에서는 도로에 움푹 패인 곳이나 갈라진 곳에서 넘어질 위험이 높으므로 충분한 밝기의 전조등으로 전방을 주시하며 저속 주행하도록 한다.

● 초행길을 출발하기 전에 전용자전거차선이 있는지, 가로등이 있는지 구글이나 네이버/다음의 스트리트뷰에서 확인토록 한다.

4. 교통법규를 준수하라

● 트래픽이 높아질수록 교통법규를 무시하는 경향이 흔히 있는데 절대로 원칙을 지켜야 한다.

● 전용자전거차선이 없는 경우 차도의 가장자리로 가는 것보다는 차라리 바깥차선의 중앙으로 달리는 것이 훨씬 안전함을 명심하자.

● 거리에 주차된 차가 있을 땐 차의 측면으로부터 최소 1m 이상 떨어져 가야 갑자기 문을 열고 나와 충돌하게 되는 사고를 예방할 수 있다.

● 앞뒷차와의 충분한 안전거리를 확보하자. 야간엔 자동차든 자전거든 서로 시야도 좁아지고 가시성도 떨어진다.

5. 자전거가 최상의 상태인지 ABC 체크를 하라.

A - Air : 타이어 공기가 빠지지 않아 충분히 빵빵한지 손가락으로 눌러본다. 라이딩 중간에도 틈틈이 확인하여 펑크로 인한 사고를 미연에 방지한다.

B - Break : 앞뒤 브레이크가 제대로 작동하는지 브레이크 레버를 작동시켜 본다. 브레이크는 생명과 직결된 가장 중요한 것이다.

C - Chain : 동력전달과 기어변속이 잘 되는지 각 기어마다 변속시키면서 페달을 돌려보며 기어가 튀지 않고 매끄럽게 잘 변속되는지 확인한다.

● 만약의 사고에 대비하는 비상통신수단인 핸드폰이 완충되었는지 다시 한 번 확인하고 충전용 보조 배터리나 내장 예비 배터리도 준비한다.

6. 도난방지를 항상 명심하라.

● 대부분의 자전거 도난은 야간에 발생한다. 자물쇠를 채워놓았다

는 것만으로 방심하지 말라. 제 아무리 굵고 튼튼한 6관절 자물쇠라도 전문도둑들의 유압식 철근 커터에는 순식간에 잘려나간다. 절대로 집 바깥에 놓지 말고 내 집 안에 보관한다.

●라이딩 중에 식당이나 상점에 들릴 때 동반자가 지켜주지 못하는 경우라면 언제든지 수시로 확인이 가능한, 눈에 잘 띄는 곳에 보관하고, 가능하면 안전한 실내에 보관할 수 있도록 주인이나 종업원에게 정중히 부탁한다.

●동반자가 여러 명 있는 경우 두 대 이상 서로 묶어주고 다시 거치대에 묶어주면 보다 안전해진다. 그러나 자전거끼리만 묶어주는 걸로 방심해선 안된다. 두 명 이상의 도둑들은 두세 대까지도 얼마든지 통째로 번쩍 들어서 트럭에 싣고 순식간에 달아날 수 있다.

결론

차도가 복잡하지만 않다면 야간 라이딩은 주간보다 훨씬 더 차분하고 색다른 낭만을 느낄 수 있다. 야간 라이딩에 익숙해질수록 야간 라이딩만이 주는 색다른 매력에 흠뻑 빠지게 될 것이며 야간 라이딩이 점점 더 기다려지게 될 것이다. 야간 라이딩을 결코 두려워하지 말라. 시작이 반이다.

제7장 겨울철 서바이벌 라이딩 필수품

영하의 기온으로 추위가 다가왔다고 자전거타기를 포기해야 할까?
특히 교통수단으로서 자전거를 타고 있다면 추운 날씨는 핑계가 될 수 없다. 혹독한 추위 속에서도 의류를 제대로 갖추고 있으면 자전거타기가 쾌적해진다. 일반적인 울이나 최신 합성섬유로 만들어진 포근한 의류가 준비되었다면 추운 날씨 속의 라이딩에서도 포근하게 지낼 수 있다.

문제는 페달링을 멈추는 즉시 추위가 다가온다는 것이다. 이 점이 바로 겨울철 서바이벌 라이딩 준비물이 필요한 이유이다.

라이딩을 위한 평소의 준비물 외에 아래와 같은 추가 필수품을 상비한다.

1. 기온에 따르는 적당한 방한 자켓

보온성이 좋은 폴라텍 플리스 자켓 위에 방한 자켓을 걸쳐 입으면 적격이며, 접으면 부피도 대폭 줄어드는 가볍고 따뜻한 구스다운이 최적이다. 방수, 방풍, 투습 기능으로 비나 눈보라 속의 혹한 속에서 체온을 유지시켜준다.

Reflective piping front & back

Zipper garage

Two side pockets

Chest pocket with headphone port

Soft warm fleece cuff

Longer cycling specific tail

Shock cord to tighten waist

PERFORMANCE ENHANCED
Windproof
Thermal
Water Repellant

2. 따뜻한 털모자

폴라텍 플리스 소재 털모자는 가볍고 따뜻하면서도 내구성도 매우 좋다.

3. 스키 장갑(또는 벙어리 장갑)

방수 방풍 투습 기능이 뛰어난 외피와 플리스 소재 등을 이용해서 따뜻한 공기를 많이 머금어 보온성이 좋은 내피가 적당하며, 손목 부분의 신축성 있는 밴드로 차가운 바람이 들어가지 않도록 잠가준다.

Ergo 장갑(odbike.co.kr)

4. 헤드오버(Headover) & 바라클라바(Balaclava)

페달링을 하지 않고 정지해 있거나 휴식을 취할 때 특히 필요한 제품으로 체온을 많이 빼앗기고 피부가 상하기 쉬운 목과 얼굴 부위를

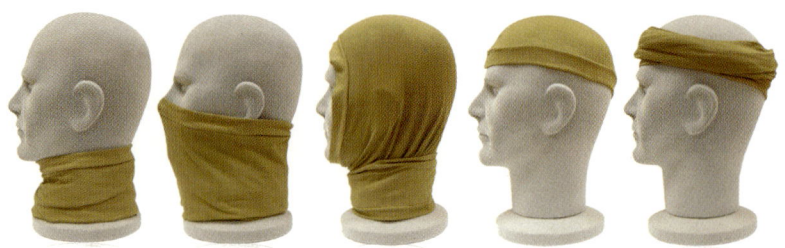

보온함으로써 더욱 포근한 느낌을 가질 수 있다.

5. 핫팩

철분, 물, 규조토, 활성탄, 염류 등의 소재로 만들어지는 핫팩은 최근에 최고 온도가 70℃, 최대 20시간까지 지속

하는 제품도 출시되고 있다. 그러나 피부 화상을 입지 않도록 주의해야 한다.

6. 보온병(뜨거운 코코아나 차, 커피)

스테인레스 소재의 이중진공 절연구조로 제대로 만들어진 보온병은 50℃의 내용물을 24시간 이상 보온시켜 주어 비상시, 직접적인 체온상승을 만들어 저체온증으로부터 자신을 지켜 준다.

결론

 쇼핑을 하든, 운동삼아 라이딩을 하든, 또는 다른 어떤 일을 하든 간에 페달링을 멈추는 순간, 또는 자전거의 기계적 고장이나 펑크가 나서 안장에서 내려오는 경우, 곧바로 추위를 느끼게 되어 저체온증의 초기 단계로 진입하게 된다. 그런 경우 즉시 헬멧을 벗어서 따뜻한 털모자로 바꾸어 쓰고, 오리털 자켓으로 바꾸어 입고, 두터운 장갑으로 바꾸어 낀다. 또한 헤드오버나 바라클라바를 착용하여 목과 머리로부터 체온이 빠져나가는 것을 막아준다.
 동계 서바이벌 라이딩 필수품의 목표는 라이딩시에 생성된 모든 열을 잘 보존해 주기 위함이다.

 그런데 이 모든 것들을 넣을 공간이 없다면?
 털조끼나 털자켓의 부피가 크더라도 배낭 안에 꽉 밀어넣으면 작은 부피로 줄일 수 있으므로 보관하기에 별 문제가 없을 것이다. 추가된 중량은 무시할 정도로 작지만 안전과 따뜻한 쾌적함엔 큰 역할을 할 것이다.

 자, 이제 추운 날씨라고 자전거를 더 이상 모셔두지 말자. 평소 준비물 외에 겨울철 서바이벌 라이딩 필수품을 추가로 챙겨놓았다면 추운 겨울을 이겨내는 멋진 라이딩이 손꼽아 기다려지게 될 것이다.

제8장 아이들과 즐거운 자전거여행을 하려면

01. 아이들을 의심하지 마라. (상호신뢰감, 자립심)
02. 핸드폰을 떠나서 자연에 다가가게 해주라. (아날로그, 자연친화)
03. 생각보다 더 많은 능력이 아이들에게 있음을 명심하라.
04. 아이들과 좀더 가까워지도록 하라. (대화, 탐구, 질문)
05. 아이들도 핵심의 일원으로 두라. (각자 할 일로 소속감 부여)
06. 아이와 함께 자주 음식을 먹어라. (현지 과일, 현지 음식)
07. 자전거의 상태를 확인해 주고 적당한 옷을 제대로 입혀라.
08. 핸들바백에 물병과 간식을 챙겨주라. (스스로 챙겨 먹도록)
09. 매일 해야 할 일을 목록으로 만들어 주라. (자전거 청소, 물통 채우기, GPS 기록 등)
10. 의사결정에 아이들도 참여하도록 하라. (코스, 메뉴, 놀이 선택)
11. 아이들과 함께 지도를 살펴보라. (참여의식 고취)
12. 충분한 수면을 갖도록 하라. (일정한 시간에 기상, 취침, 낮잠)
13. 뜨거운 날씨엔 시원한 시간을 가져라. (체온 조절)
14. 추운 날씨엔 따뜻한 시간을 가져라.
15. 뒷바람이 불어올 때는 보다 빨리 멀리 가라.
16. 맞바람에 대항하여 무리하게 라이딩하지 마라. (페이스 컨트롤)
17. 충분한 휴식을 취하라. (피로 예방)
18. 안전을 위하여 적당한 자전거 간격을 유지하라. (안전거리 확보)

19. 그들만의 공간에 가질 수 있을 만큼의 장난감을 갖도록 하라.
20. 여행 중 틈틈이 며칠씩 휴식을 가져라. (충분한 휴식, 영양 보충)
21. 꽃향기를 맡아보는 시간을 가져라. (자연과 혼연일체)
22. 지나가는 곳마다 뭔가를 배워보라. (현지 문화)
23. 현지 음식을 시식해 보라. (현지 전통음식, 토속과일)
24. 현지 아이들과 어울려 놀 수 있도록 챙겨주어라.
25. 보다 폭넓은 계층의 사람들과 접하라. (다양성의 세계)
26. 휴식 시간에 게임을 즐겨라. (게임 시간을 별도 지정)
27. 너무 어리거나 약한 아이들은 2인용 자전거에 태워라.

28. 지역의 문화 행사를 만끽해 보라. (전통문화행사 참석)
29. 방수 가방에 장비들을 챙겨라.
30. 도심공원에선 미끄럼틀에서 뛰어놀 수 있도록 멈추어 가라.
31. 너무 추운 겨울철을 가급적 피하라. (혹한기, 혹서기 제외)
32. 허가나지 않은 장소에서 텐트를 치려면 허가받도록 하라.
33. 아이들을 종종 꼭 껴안아 주라. (스킨십)
34. 안전을 위하여 보다 넓은 갓길이 있는 도로로 가라. (교통안전)
35. 아이들을 신뢰하라. 생각했던 것보다 아이들은 많이 알고 있다.
36. 사랑한다고 종종 말해 주라. (애정 표현)
37. 아이들 앞에서 모범된 행동을 보여라. (규범 준수, 쓰레기)
38. 아이들이 통제 속에서도 좀더 많은 걸 느끼도록 이끌어 주라.
39. 장난감을 잘 보관할 수 있는 위치를 지정해 주라. (정리 정돈)
40. 아이들이 좋아할 만한 목적지를 찾아보라. (자율적 결정권)
41. 물놀이 유원지를 발견하면 멈추어 가라. (Carpe diem)
42. 추운 날씨에 대비하여 울 원단의 따뜻한 옷을 준비하라.
43. 도로 밑의 배수로 터널에서도 잠시 놀 수 있도록 멈추어 가라.
44. 무거운 짐은 어른 자전거에 실어라. (무리하지 않도록)
45. 텐트 안에서 책이나 지도를 볼 수 있도록 플래시를 챙겨주라.
46. 종종 하늘의 별을 바라보며 잠을 청하라. (상상의 나래)
47. 충분한 물을 먹여라. (충분한 수분 섭취)
48. 아이스크림, 콜라, 과자 먹기를 멈춰라. (갈증 예방, 건강 유지)
49. 그늘 속에서 바람을 맞이해 보라. (자연에의 감사)
50. 유료 식수보다 자연에서 나오는 생수를 즐기게 해 주라.

제9장 유형에 따른 자전거여행 계획

여행은 아래와 같은 4가지 요인에 따라 그 특성이 달라진다.

1. 활동 내용
2. 가져갈 장비
3. 여행에 투자할 노력
4. 지출 금액

1. 활동 내용

질주본능을 위한 레이싱, 작품사진을 위한 촬영, 자아성찰을 위한 힐링, 문학이나 음악, 미술, 역사 등의 자취를 따라가는 기념관, 박물관, 갤러리, 콘서트 순례 또는 좋아하는 스포츠 게임이나 지역 축제에의 참가나 유명 레스토랑을 찾아가는 맛집 탐방 등 매우 다양한 형태로 나뉘어진다. 단독여행일 땐 문제가 전혀 없으나 그룹여행일 땐 사전에 충분한 조율을 할 필요가 있다.

2. 가져갈 장비

위의 활동 내용에 따라 취사장비, 취침장비, 의류, 식품, 응급처치키트, 공구, 카메라, 노트북, 서적 등이 필요하며 그룹여행시 준비물에 따라 각자 나누어 가져갈 수도 있다.

3. 여행에 투자할 노력

자유여행이냐 패키지여행이냐에 따라 준비나 계획할 사항이 판이하게 달라진다.

4. 지출 금액

가장 큰 지출 요소는 역시 숙박비이다. 예산과 현지 상황에 따라 호텔, 도미토리, 캠핑, 민박, 비박 등을 선택할 수 있다. 또한 여행 스타일에 따라 다음과 같이 패키지여행, 차량지원여행, 신용카드여행 및 독립여행으로 나뉘어진다.

5. 여행 스타일에 따른 분류

● 패키지여행

전문여행사 또는 경험이 많은 리더에 의하여 제대로 기획되고 구성된 여행이다. 대체적으로 모든 여정의 풀서비스가 사전에 답사되고 공표되나 코스 계획 및 숙박 문제 등 기본적인 문제만 해결해 주는 반자유여행 스타일의 패키지여행도 있다.

여행을 준비하고 계획해야 할 걱정거리가 없이 편리하여 초보자에게 적합하다는 장점이 있으나 이미 철저하게 짜여진 여행이라 모험성이 떨어지고 쇼핑 등 원하지 않는 스케줄에 끌려가는 수동적 여행으로 전락되기 십상이며 무엇보다 마음에 맞지 않는 여행동반자들과 함께해야 하는 괴로움도 있을 수 있다는 단점이 존재한다.

●차량지원여행

여행에 필요한 대부분의 장비와 생필품을 지원차량에 탑재하고 자전거가 뒤쫓아 가거나 앞서 가는 여행이다. 자전거에 짐을 실을 필요가 없어서 보다 가볍고 편안하게 달릴 수 있으며 만약에 대비한 비상대책이 확고해지는 장점이 있는 반면, 누군가가 자동차를 운전해야 하므로 그만큼 비용이 추가되고, 자전거는 진입할 수 있지만 차량 진입이 어려운 경우도 있다는 단점도 있다.

●신용카드여행

최소한의 기본 장비와 의류만 갖추고 숙식비 등 모든 경비를 카드로 지불하는 여행이다. 먹고 자는 걸 모두 카드로 해결하기에 별달리 준비할 게 없어서 편리하긴 하나 현금보다 비싼 경우도 있으며, 신용카드가 통하지 않는 곳에선 무용지물이 된다.

●독립여행

1인여행 또는 자립여행이라고도 불리운다. 여행에 필요한 장비와 의류 등을 자신의 자전거에 모두 싣고 가는 여행으로서 식료품이나 기타 생필품을 위해 때때로 멈춰가기도 하며, 악천후로부터 야외에서의 취침에 이르기까지에 필요한 모든 준비물을 갖춰야 한다. 최대의 자유가 보장되고 최소의 비용이 들긴 하지만 더 많은 장비와 노력, 지식 및 경험이 필요하다.

6. 인원수에 따른 분류

● 단독여행 : 1명

초보자가 오후 반나절이나 하루 동안 혼자서 다녀오는 여행은 기본적인 여행의 능력을 키워볼 수 있는 소중한 기회를 제공해 주어 도로상에서 자립할 수 있도록 익숙하게 만들어 준다.

노련한 여행자들은 혼자서 하룻밤을 지내면서 오붓한 즐거움을 맛볼 수 있으나 초보자에겐 막막할 뿐이므로 다양한 경험으로부터 얻어질 수 있는 라이딩 요령과 안전 및 체계적인 준비가 요구된다. 무엇보다 내 취향과 개성대로 최대한의 자유를 누릴 수 있으므로 여행의 베테랑이 되어갈수록 단독여행을 즐기게 된다.

● 소그룹여행 : 2~6명

　대그룹에 비해 계획과 조직 및 관리하기가 비교적 쉽고 초보자인 경우 어색함이 덜해서 보다 편리하다. 또한 고장, 부상, 치안, 언어 등 문제점이 있을 때 서로 도움을 주고 받을 수 있기 때문에 혼자 여행하는 것보다 비교적 안전한 편이다. 그러나 서로 취향이나 개성 및 체력이 달라 불편해지는 경우도 있으므로 서로 인내하고 이해하고 배려해야 한다.

● 대그룹여행 : 7명 이상

각 개인의 다양한 능력과 개성으로 나름대로 즐거움이 있으나 인원수만큼 조직 관리에 보다 신경써야 한다. 만약 대그룹여행에 관심이 있는 초보자라면 단독여행을 하기 전에 경험있는 동호인들과의 여행이나 패키지여행을 통하여 여행에 대한 충분한 경험을 쌓을 필요가 있다.

특히 초보자들은 코골이, 저질체력, 채식주의자, 과음, 특이체질 등으로 그룹 멤버들에게 불편을 끼치지 않도록 주의할 필요가 있다. 각 개인별 관심사 즉 각자가 경험하기 원하는 주변 경치, 주변 관광 및 활동이 서로 부합되는지 확인하고 라이딩 속도를 확인하여 함께 가는 사람 중 최저 속도에 맞추는 것이 원칙이다.

여행을 출발하기 전에 사전 체험을 해 볼 필요가 있다. 각 개인 별로 교통체증 상황, 악천후, 특수한 지형에서도 얼마나 잘 탈 수 있는지, 더 나아가 일박 캠핑 투어를 통하여 캠핑을 경험함으로써 코스 찾기나 지도 읽기, 비상시 적응력 등을 확인한다.

7. 기타 고려해야 할 10 가지 요소

① 인프라 시설과의 접근성

여행 코스가 바이크숍이나 편의점 등에서 가까울수록 도움받기가 수월하므로 처음 떠나는 여행이라면 가급적 집이나 마을로부터 그다지 멀지 않은 곳으로 계획한다. 특히 4대강 자전거길은 마을에서 먼 경우가 대부분이므로 사전에 충분히 대비한다.

② 거리

하루에 갈 수 있는 거리는 여행의 유형에 따라 달라진다. 더 멀리 가고자 한다면 틈틈이 경치를 감상하거나 사진촬영 및 휴식할 여유시간이 짧아질 수 밖에 없다. 특히 당일 도착할 특별한 목적지가 있다면 더욱 짧아진다.

③ 지형

자전거여행의 큰 특징은 어떤 지형에서도 대부분 진입 가능하다는 점이다. 그러나 초보자라면 처음엔 비교적 수월하고 안전한 코스로 시작하여 점차 코스의 난이도를 높여 나간다.

④ 교통량(트래픽)

트래픽은 자전거여행가들에게 당면한 가장 큰 위험요소 중 영순위로서 안전을 위하여 가급적 이면도로를 이용하도록 계획을 세운다. 특히 비포장도로에선 라이딩이 가능한 지형인지, 도보 여행자들의 왕래가 많아 방해를 주지 않을지 또는 야생동물이나 오프로드 차량이 지나가지 않는지 등을 고려한다.

⑤ 안전예방

좁은 터널이나 다리, 교통체증지역, 공사구역, 지뢰매설지역, 분쟁지역, 낙석지역 등에서는 각별히 주의하거나 피해야 한다.

⑥ 도로 선택

경치가 좋고 교통이 번잡하지 않아 자전거여행에 최적인 도로 즉 우회도로나 농로, 자전거도로일수록 도로의 유지보수가 항상 잘되는 것은 아니므로 여행 코스를 확정하기 전에 의심스러운 도로의 상태를 확인한다.

⑦ 숙박

며칠간의 여행이라면 다양한 숙박이 가능한 도착지를 선택한다. 그룹 멤버들의 기대 사항이나 야영 체험, 장비 및 예산 등을 고려하여 캠핑장이나 게스트하우스, 민박, 펜션 등을 상황에 따라 적당히 선택한다.

⑧ 성수기/비수기

교통체증이나 숙박 문제 등을 출발 전에 충분한 시간을 들여 계획한다. 휴가 시즌이나 여름철 성수기엔 비수기보다 훨씬 더 붐비고 물가가 비쌀 뿐만 아니라 불친절하므로 무엇보다 경비 절약을 위해 성수기는 가급적 피한다. 특히 러시아워 때는 라이딩하기에 가장 위험한 시간대이므로 조심하도록 한다.

⑨ 날씨

특정 지역에서의 우기, 혹한기, 혹서기 등을 확인한다. 다른 야외활동에 적합한 날씨라고 해서 자전거여행에도 항상 적합한 건 아니다. 즉 뙤약볕이 내리쬐는 무더운 날씨는 아무리 맑은 날씨라도 장거리여행에 부적합하다. 봄, 가을철처럼 선선하며 맑은 날씨가 자전거여행에 최적임을 잊지 말자. 특히 사막지역에선 모래폭풍이 다가오는 시즌을 피한다.

⑩ **바람**

정면에서 불어오는 맞바람이나 측면의 강풍은 즐거워야 할 여행을 긴 고통으로 빠져들게 하므로 인터넷을 통하여 해당 지역에서의 예측 가능한 풍향과 풍속을 확인해 본다.

제10장 자전거여행 왕초보를 위한
50가지 제언

1. 쉬엄쉬엄 여행하라.

하루에 가급적 100km 이상은 타지 않는다. 자전거를 너무 많이 타면 몸이 지치면서 체력이 소진되어 사고 날 위험이 커진다.

2. 너무 많은 돈을 장비에 투자하지 말라.

출시되고 있는 모든 첨단 장비의 유혹에 쉽사리 빠지지 말라. 그런 물질적 욕구에서 벗어나서 뜨거운 날씨의 땀흘린 라이딩 후 아이스크림이나 시원한 맥주 한 잔 사 마실 여유도 있어야 한다.

3. 여행 목적지의 생활 언어를 배우라.

현지인들에게 보다 가까이 다가가 대화하며 좀더 진지하고 생생한 애기들을 나눠볼 수 있을 것이다.

4. 물어보기를 두려워하지 말라.

대부분의 사람들은 도움이 필요하다. 먹거리든 잠잘 곳이든 이동 방향이든 주저하지 말고 물어보는 것이 필요하다. 그들 대부분은 우리 이방인들을 도울 준비가 되어 있는 사람들이다. 물어보다가 뜻밖의 식사나 숙박 등 큰 도움을 받는 경우도 종종 있다.

5. 흥정하기를 두려워하지 말라.

일부 문화권, 특히 개발도상국일수록 흥정은 일반적이다. 숙소나 시장에서 에누리를 요구함으로써 적잖은 돈을 절약했다. 그러나 몇 센트 따위의 푼돈으로 악착같이 싸우진 말라.

6. 때로는 차를 탈 수도 있다.

악천후를 맞이하거나 자전거가 고장 나거나 몸이 아프거나 너무 지칠 때도 있다. 대중교통에 승차하거나 히치하이킹을 하는 데 있어서 크나큰 부끄러움까지 느낄 필요는 없다.

7. 내비를 닫고서 현지인들에게 직접 물어보라.

어디가 어딘지 전혀 모르는 길을 따라가다가 길을 잃는 경우 GPS가 별 도움이 되지 않을 수도 있다. 지도나 내비에 너무 의존하는 노예가 되지 말자. 현지인에게 물어보나가 얘기도 나누면서 차 한 잔, 밥 한 끼, 하룻밤 신세지는 등 뜻밖에 소중한 기회를 맞이하는 경우도 있다.

8. 충분한 휴식을 취하라.

자전거 라이딩이 끝난 후 캠핑이나 음식점에서 맛난 음식으로 영양을 보충하며 몸과 마음을 재충전하기 위해 수시로 휴식을 취하는 것이 좋다.

9. 자전거여행 관련 SNS 활동에 참가해 보라.

인터넷에는 멋진 자전거여행에 관련된 개인 홈페이지, 블로그, 카페, 페이스북, 유튜브, 인스타그램 등에 자전거여행에 관한 소중한 정보와 체험들로 가득 차 있다. 경로와 일정을 연구하고, 질문하고, 조언을 받는 등 다른 자전거여행가들과 소통하는 것은 훌륭한 방법이다.

10. 야영할 수 있는지 물어보라.

여행 중 캠핑을 통하여 많은 돈을 절약할 수 있다. 경찰서나 소방서에서는 종종 자전거여행가들에게 친절하게 안내해 주며 때로는 경찰서나 파출소, 소방서 또는 학교나 교회, 성당, 사원의 뒷마당에서 야영하는 것을 허용해 주기도 한다. 심지어 건물 내 숙직실에서 자도록 환대하는 경우도 있다.

11. 가파른 내리막길에선 특히 조심하라.

내리막길에서의 지나친 과속은 종종 대형 사고나 사망으로까지 이르곤 한다. 바로 코앞의 작은 돌멩이로부터 멀리서 오는 차량들에 이르기까지 면밀히 주시해야 한다.

12. 고생한 만큼 낙이 있다.

도로에서의 힘든 시간을 보낸 후 맛있는 음식이나 맥주 한 잔 그리고 편안한 숙소에서 샤워하고 포근한 잠을 잘 수 있다면 영혼을 더욱 아름답게 키울 수 있는 여행으로 다가온다.

13. 사진을 많이 찍어라.

여행에 남는 건 사진뿐이라는 말을 종종 듣는다.

멋진 풍경, 라이딩, 캠핑, 요리 및 다른 이들과 어울리던 순간의 사진은 언제나 즐거운 추억을 다시 불러일으켜 준다. 특히 나중에 글 쓸 때 뜻밖의 영감을 불러일으켜 주기도 한다.

14. 길가에 버려진 옷들을 챙겨라.

자전거를 청소하기 위한 걸레로 사용하기엔 안성맞춤이다.

15. 거리나 들판의 과일나무를 찾으라.

특히 열대지방이나 아열대지방 과수원에서의 저렴한 과일들은 한낮의 갈증을 해소하고 신선한 영양소로 넘치는 맛난 간식거리를 제공해 준다.

16. 가끔 안장에서 내려오라.

자선거여행이라고 자전거타기만 고집할 필요는 없다. 자전거 안장에서 내려와 등산이나 트레킹, 수영 등의 야외 활동은 새로운 시간을 보내는 훌륭한 방법 중의 하나다.

17. 매일 틈틈이 글쓰는 시간을 가져라.

하루를 마감하거나 식사 시간에 글을 쓰면서 정신과 영혼을 가다듬을 수 있게 해준다.

18. 자전거 유지보수를 틈틈이 하라.

체인 청소나 기름칠, 볼트 조임 등과 같은 간단한 유지보수를 함으로써 잔고장 없이 먼 길을 안전하게 갈 수 있을 것이다.

19. 가능한 한 아침 일찍 출발하라.

오늘 하루를 보다 충실하게 만들어 갈 수 있으리라.

20. 패니어를 사용하는 경우 수리 키트를 챙겨라.

패니어용 패치는 패니어가 닳거나 캠핑 중 다람쥐가 씹었을 때의 구멍을 깜쪽같이 때워줄 수 있다.

21. 새로운 배움의 도화선에 불을 붙여라.

여행은 외국어나 요리 등의 새로운 문화와 기술을 배울 수 있는 소중한 기회이다.

22. 매일 똑같은 질문과 대답을 주고받는 데 익숙해져라.

"어느 나라 사람입니까?", "어디로 가십니까?" 등의 반복된 질문에도 짜증냄이 없이 얼굴에 미소를 지으며 '이 사람들은 자전거로 멀리 여행하는 걸 처음 볼 수도 있다' 는 것을 명심하라.

23. 웜샤워나 카우치서핑 등을 적극 활용하라.

돈만 절약하는 게 아니라 현지인들과의 소통엔 더할 나위가 없는 기회이다. 더구나 대부분의 호스트들은 영어를 잘 할 줄 아는 편이다.

24. 자신의 여행에 관한 몇 줄의 문장과 여행 코스의 지도를 영어로 써서 보여주고 현지 언어로 번역해 줄 사람을 찾아보라. 간단히 스마트폰으로 보여줘도 좋고 A4지에 큼직하게 써서 코팅하면 더욱 좋다.

25. 미혼 남녀가 커플로 여행하는 경우, 이슬람국가나 일부 보수적인 나라에서는 남녀 친구라고 말하는 것보단 결혼한 부부라고 말하는 것이 보다 안전하고 적당하다.

26. 강한 햇볕으로부터 피부가 타지 않도록 보호하라.
바람이 잘 통하는 가벼운 긴소매 셔츠를 입거나 선크림 바르는 걸 잊지 말라. 강한 햇볕을 너무 오래 쏘이면 나중에 피부암에 걸리기 십상이다.

27. 현지 과일이나 전통음식을 꼭 먹어보라.
재래시장이나 서민들이 다니는 음식점에 꼭 들어가 보라.

28. 자전거여행 중 관심있는 주제에 관련된 팟캐스트를 찾아보라.

29. 거리의 주인없는 개들에게 함부로 다가가지 말라.
주인없는 거리의 개들과 어울린 후에는 비누칠로 손 씻는 것을 절대로 잊지 말라.

30. 틈틈이 물통을 가득 채워라.

어딘가에서 뜻하지 않게 식수가 바닥나는 것은 끔찍한 일이다.
식수를 가게에서 돈 주고 사지 말고 가급적 민가에서 얻어 마셔라.
그러나 후진국이나 개발도상국에서의 의심스러운 물은 절대 피한다. 따라서 지역에 따라 정수기가 필요한 경우도 있다.

31. 여권과 현금은 24시간 내 몸에 숨겨서 보관하라.

만약의 사고에 대비할 비상금은 핸들바 속과 신발창 밑에 보관한다.

32. 타이어를 만지고 난 후는 꼭 비누칠로 손을 씻어라.

타이어에 묻은 흙으로부터 병균이 옮아올 수 있다.

33. 자전거 전용 의류에 너무 집착하지 말라.

몸에 딱 달라붙는 쫄쫄이옷보다는 편안한 캐주얼 옷이 현지인들과의 소통에 거리감을 주지 않는다.

34. 일정을 너무 빡빡하게 짜지 말고 유연하게 하라.

악천후나 위험한 도로에선 지체없이 부담없이 계획을 변경할 수도 있어야 한다.

35. 도로에서 다른 자전거여행가를 만났을 때 체인을 바꾸는 횟수나 사용하는 타이어의 유형에 대한 이런 저런 자질구레한 질문 따위

로 상대방을 지루하게 만들지 말라.

36. 여행 계획에 묶여서 변경이나 포기하기를 두려워하지 말고 다가오는 그대로 받아들여라.

37. 자신의 신체를 잘 돌보라.
선크림을 수시로 잘 챙겨바르고, 잘 먹고, 시원하게 샤워하고, 포근한 단잠을 잠으로써 건강을 잘 챙기도록 한다.

38. 때론 탐험하기를 두려워하지 말라.
알려지지 않은 길이 나타났을 때 계획했던 코스를 벗어나 모르는 길로도 과감히 들어가보는 모험을 시도해 보라.

39. 마을을 지날 때 동네 잔치집에 들어가 함께 어울려 보라.
현지 전통음악과 민속무용과 현지 음식에 공짜로 접할 수 있는 최고의 기회이다. 그들 대부분은 이방인의 방문을 뜨겁게 환대해 줄 것이다.

40. 박물관, 갤러리, 콘서트, 축제 등의 현지 문화에 다가가라. 각종 행사나 축제 스케줄을 찾아보며 적극적으로 어울려본다.

41. 가급적 민박으로 현지인의 생활 속으로 들어가 보라.
관광객이나 여행가들이나 만나게 되는 게스트하우스나 호스텔 같은 유료 숙소보다는 도시에서 떨어진 외딴 동네에서의 소박한 서민 생활을 만끽해 보는 것이 그 나라를 제대로 이해할 수 있는 지름길이다.

42. 식구나 친지들과 종종 카톡이나 문자로 소통하라.

만약의 사고에 대비하여 조난시 구조를 위한 추적이 쉬울 뿐만 아니라 지인들로부터 소중한 정보를 얻을 수도 있다.

43. 개인적 취미나 취향을 위해 약간의 추가 중량도 감수해 보라.

멋진 음악을 듣기 위한 블루투스 스피커나 FM 라디오, 멋진 사진 작품을 도와줄 DSRL 카메라를 챙겨가거나 또는 하모니커나 대금, 우쿨렐레 같은 작은 악기로 주변사람들과 보다 즐거운 시간을 누릴 수 있다.

44. 자전거여행에 대한 부정적 의견에 신경쓰지 말고 무시하라.

이 세상엔 자전거여행을 원하는 사람들이 훨씬 더 많다.

45. 출발 전의 사전 훈련에 너무 부담갖지 말라.

출발 후 갖가지 시행착오 속에서 점차 적응되기 마련이다.

46. 힘든 오르막길에 너무 기죽지 말라.

오르막이 있으면 그만큼의 신나는 내리막이 있는 법이다.

너무 힘들다 싶으면 끌고 가라.

47. 수면시 빛과 소리에 민감하다면 귀마개와 수면마스크를 준비하라.

캠핑 중 밝은 햇빛과 시끄러운 새소리로 아침잠을 설칠 수도 있다.

48. 여행 중 친구를 현지로 초대해 보라.

친구들 중 누군가가 한동안 내 여행에 조인하여 함께 할 수 있는 색다른 즐거움을 맛볼 수 있다.

49. 너무 급하게 서두르며 빨리 다닐 필요는 없다.

여행은 레이싱이 아니다. 천천히 갈수록 더 많이 보고 경험할 수 있음을 명심하라.

50. 너무 진지하고 심각하게 여행하지 말고 신나게 즐겨라.

Carpe diem!

준비된 자만이 승리한다.
Amat victoria curam.

Part II 자전거여행 준비

제11장 여행용 자전거의 선택

여행용 자전거를 선택하는 일은 초보자들을 종종 당황하게 할 수도 있다. 자전거 여행을 꿈꾸고 있는 이들이 던지는 질문 중 빼놓을 수 없는 것은 바로 "가장 좋은 여행용 자전거는 무엇인가?" 라는 것이다. 그런데 문제는 답이 간단하지 않다는 것이다.

MTB나 로드자전거 또는 일반 생활용 자전거에 비해 여행용 자전거가 갖춰야 할 필수 기능은 다음과 같다.

- 쾌적성 : 다양한 환경과 장기간에 걸친 여행 중 편안해야 한다.
- 내구성 : 모든 부품들이 고장없이 튼튼해야 한다.
- 적재성 : 다양한 짐 싣기가 편리해야 한다.
- 조향성 : 무거운 짐을 싣고도 방향을 틀기가 쉬워야 한다.
- 호환성 : 교체할 수 있는 부품 구하기가 쉬워야 한다.
- 단순성 : 복잡한 메커니즘일수록 고장률은 높아진다.

1. 어떤 유형의 자전거여행을 계획하고 있는가?

자전거여행의 우선순위가 무엇인지, 그리고 어떤 종류의 여행을 하고자 하는지 명확해지기 전까지는 자전거 선택의 어려움에 빠져들지 않도록 유혹을 피하자.

그렇다면 과연 어떤 종류의 자전거여행이 있을까? 여행의 유형은 아래의 요소들에 따라 다양해지므로 자신의 여행용 자전거의 선택에 영향을 줄 다음과 같은 요소들을 면밀히 검토해 볼 필요가 있다.

- 고속이냐 저속이냐?
- 가벼운가 무거운가?
- 포장도로에서 탈 것인가 비포장도로에서 탈 것인가?
- 단기여행인가 장기여행인가?
- 고가인가 저가인가?

대부분의 자전거여행은 위의 요소들처럼 극단적이기보다는 중간 쯤에 존재하는 편이다. 그래서 대부분의 여행용 자전거 제조업체들은 가능한 한 광범위한 고객을 대상으로 삼기 때문에 종종 좋은 출발점을 찾을 수 있다. 저가의 여행용 자전거부터 전문적인 탐험용 자전거에 이르기까지 다양한 제품들을 살펴 보자.

2. 예산에 따른 선택

예산이 거의 없다면 여행을 위하여 오래된 자전거를 사용하는 것도 가능하다. 지난 10년간 차고에 앉아 있던 녹슨 구닥다리 자전거를 가져올 수도 있다. 많은 사람들이 어리석은 비싼 자전거를 타고 여행하는 사람들에 의해 많이 휩쓸리기도 한다.

현금이 조금 밖에 없다면 갖고 있는 MTB나 하이브리드 자전거를 적당히 개조하여 여행할 수도 있다. 그러나 장기적으로는 새 자전거로 같은 여행하는 사람보다 유지보수 및 수리에 더 많은 시간과 돈을 투자해야 할 수도 있다.

괜찮은 자전거를 위한 예산이 있다면 장기적으로 보장되는 최상의 자전거를 구매하는 것이 좋다.

■ 저렴한 여행용 자전거

Ridgeback Tour

가장 싼 Ridgeback의 'World' 시리즈로서 비용절감형 알루미늄 프레임과 기본적인 시마노 기어링이 장착되어 있다.

- Frame : 6061 heat treated aluminium
- Fork : Cro Moly / mudguard eyelets
- Front Derailleur : Shimano Claris FD-2403
- Rear Derailleur : Shimano Acera RD-T3000
- Number of Gears : 24
- Shifters : Shimano Claris ST-2403 3x8 speed
- Chain set : Shimano FC-M311 / 48-38-28T
- Bottom Bracket : Shimano BB-UN26 68-117mm
- Cassette : Shimano CS-HG31-8 / 11-32T

후지 투어링 디스크 MY-18

- 콤팩트 핸들바 : 바엔드 시프터 3 × 10 마이크로 시프터
- 앞변속기 : Deore
- 뒷변속기 : T-8000 XT
- 기어크랭크 : 48, 38, 26
- 디스크 브레이크 : TRP의 Spyre
- 스프라켓 : T11-36T 10 단

※상세 사양은 bikelymall.co.kr 참조

■ 하이엔드 여행용 자전거

Kona Sutra

코나의 대표적인 여행용 자전거로서 강력한 디스크 브레이크와 함께 여행이 아닌 경우에도 사용할 수 있어 사용범위가 비교적 넓은 모델이다.

- Frame Material: Kona Cromoly Butted
- Wheels: WTB STP i19 TCS
- Fork: Kona Project Two Cromoly Disc Touring
- Crankset: Shimano Deore
- Drivetrain: Shimano Deore/Alivio 9spd
- Cockpit: Kona Road bar and stem, Kona Cork Tape
- Brakes: Hayes CX Expert
- Tires: Schwalbe Marathon Mondial 700x40c
- Saddle: Brooks B17 Leather

※ 최신 상세 사양은 2018.konaworld.com/sutra.cfm 참조

턴 버지 투어(Tern Verge Tour)

20인치, 27단, 16.6kg

※상세 사양은 odbike.co.kr에서 턴 버지 투어 참조

설리 롱 홀 트러커

설리 롱 홀 트러커는 여행용 자전거의 전설로서 전 세계적으로 가장 유명한 모델이며 개발도상국에서의 여행을 위해 26인치 휠 사이즈로 제공되고 온로드와 오프로드 겸용으로 사용가능하다. 짐받이와 머드가드는 옵션이다.

※상세 사양과 옵션 및 가격은 bikelymall.co.kr 참조

설리 디스크 트러커

디스크 브레이크가 신뢰할 수 있는 옵션으로 대중화되자 설리는 디스크 전용 버전의 Disc Trucker를 제작했으며 그 외의 모든 것은 LHT와 동일하다. 장거리여행용 자전거로서 디스크 브레이크 TRP Spyre를 장착하고 있으며 3 × 10 단 기어로 구성되어 있다.

※상세 사양과 옵션 및 가격은 bikelymall.co.kr 참조

■ 기타

트랙 520 디스크

Trek의 오래된 전설적인 여행용 자전거로서 디스크 버전이며 여행을 안할 땐 출퇴근용으로도 적합하다. 디스크 브레이크와 리어랙이 기본 제공되며 장거리여행의 경우 타이어를 업그레이드해 주면 된다.

- 프레임 : 트렉 버티드 크로몰리 디스크 투어링, 랙 및 펜더 마운트
- 포크 : Chromoly Touring 디스크, 로우라이더 마운트 포함
- 크기 : 48, 51, 54, 57, 60, 63cm

※상세 사양과 옵션 및 가격은 bikelymall.co.kr 참조

파라트 마누팍투르(Fahrradmanufaktur) TX-800

Fahrradmanufaktur는 문자 그대로 독일의 '자전거 제조업체' 란 뜻이며 유명한 여행용 자전거 모델로서 TX-800은 시마노 데오레 XT 30단이 장착되어 있다.

- 프레임 사이즈 : GENTS: 52, 57, 62cm
- 프레임 : 25 CRMO 4, 2-FOLD TAPERED
- 색상 : SLATE
- 헤드 셋 : RITCHEY COMP LOGIC V2, A-HEAD
- 포크 : 25 CRMO 4
- 시프팅 시스템 : 시마노 데오레 XT RD-T780

※상세 사양은 fahrradmanufaktur.de/en 참조

■ 최상의 장기여행용 자전거

  선진국에서의 일반적인 여행과는 달리 개발도상국이나 후진국을 포함하는 장거리여행에서는 유지보수용 부품이나 미캐닉의 도움이 없는 곳에서도 몇 달씩 견디며 생존해야 한다는 점을 항상 염두에 두어야 한다. 이는 단순한 여행을 넘어 탐험이나 생존의 문제로서 자전거에도 마찬가지로 적용된다.
  즉 타이어, 튜브 및 휠 부품과 최대한의 호환성을 위해 26인치 휠이 장착되어 있어야 하며, V 브레이크를 적용하고, 무거운 짐과 함께 장거리여행에서도 잘 견딜 수 있는 더욱 견고한 크로몰리 프레임 등을 적용하게 된다.

리지백 익스페디션(Ridgeback Expedition)

※ 상세 사양은 ridgeback.co.uk/bike/expedition 참조

손 셰르파(Thorn Sherpa)

● 프레임 : 영국에서 설계된 크로몰리 프레임으로 대만에서 수가공 제작

● 포크 : 73년이 지난 지금도 레이놀즈 531 튜빙에 작업이 남아 있음.

● 핸들링 : 9단 데오레 키트 및 바엔드 레버는 터프한 자전거여행가에게 안성맞춤.

● 휠 : 시마노 오프로드 허브, Rigida 림 및 파나레이서 타이어는 26인치 휠로서 최고의 조합.

※ sjscycles.com/thornpdf/ThornSherpaBroHiRes.pdf 참조

제12장 여행용 전기자전거의 특징과 선택

중국과 유럽에선 전기자전거가 대중화된 지 오래다. 스위스에서는 주요 사이클 코스에 배터리 교체 포인트가 600개가 넘게 깔려 있어서 지정된 바, 레스토랑, 호텔 및 바이크숍에서 배터리를 손쉽게 교환할 수 있다. 특히 스위스 정부는 전기자전거에 의한 관광산업을 아름다운 환경과 상호작용할 수 있는 건강하고 지속가능한 수단으로 보고 있다.

이에 비해 우리나라에선 아직도 자전거를 주말 레저스포츠 용도로 보는 시각이 많아 전기자전거를 터부시 하는 이들이 여전히 적지 않다는 게 안타까운 현실이다. 아무튼 자전거에 모터가 있든 없든 마찬가지의 여행 경험을 누릴 수 있을 것이다.

전기자전거의 다양한 스타일과 기술 그리고 왜 이 자전거가 우리의 삶을 보다 더 좋게 만들 수 있는지 자세히 살펴보자.

■ 전기자전거의 장점

● 단지 걷는 정도의 노력으로, 달리는 정도의 속도를 제공한다.
● 자신의 에너지를 절약함으로써 더 많은 에너지를 남기고 목적지에 도착할 수 있다.
● 힘든 언덕길을 손쉽게 오를 수 있다.
● 같은 노력으로 하루에 더 많은 거리를 주파할 수 있다.
● 자신보다 더 잘 타는 사람과도 균형을 이룰 수 있다.
● 무릎이나 허리 등의 통증 또는 천식 등의 부상을 입어 일반 자전거를 타는 사람들에게 좋다.
● 더 짧은 시간에 더 긴 투어를 완료할 수 있다.
● 자전거를 타지 않는 사람도 자전거여행을 떠나도록 유도한다.

■ 전기자전거의 단점

● 무겁다. 일반 여행용 자전거가 10~20kg인데 비해 20~30kg 정도이다.
● 전기 모터와 배터리 그리고 충전 컨트롤러 등 고장 날 구성 요소와 부품이 더 많다.
● 충전을 위해 예정된 경로를 벗어날 수밖에 없는 문제가 생겨 충전

의 노예가 되어버린다.

● 배터리가 방전되어 페달로 가려면 일반 자전거보다 배터리와 모터의 무게만큼 더 무거워진다.

● 비싸다

■ 전기자전거의 신뢰성

좋은 품질의 전기자전거는 자전거여행에 고장 없이 잘 굴러간다. 방수와 방충이 완벽하게 되어 있을 뿐 아니라 최신 배터리와 모터는 영하 15℃에서 영상 45℃까지의 온도 범위뿐만 아니라 모래폭풍, 진흙, 눈보라, 우박이나 울퉁불퉁한 도로에서도 잘 견딜 수 있다.

■ 라이딩 거리

배터리 사용의 유효 거리는 배터리의 용량, 페달을 밟는 강도, 선택한 보조 수준, 언덕의 기울기, 풍속 및 풍향, 체중, 자전거 무게, 타이어 팽창, 노면 등 여러 가지 요소에 따라 다르다. 기본적으로 수십 km에서 최대 300km까지 탈 수 있는 제품이 출시되었다.

평평한 곳에서 시속 18km로 탄다면 250와트급 모터로 최대 시속 25km의 속도를 낼 수 있다고 한다. 400Wh 배터리는 이 레벨에서 최대 100km까지 지원해 준다. 페달을 좀더 굴려서 배터리 소비를 절약하면 더 긴 거리를 달릴 수 있다.

전기자전거로 여행하는 대부분의 사람들은 오르막길이나 강풍이 부는 곳에서만 모터를 이용한다. 내리막길 등 가능한 한 자주 기어를 작동시켜 항상 최적의 상태에 있는지 확인하여 배터리를 절약하는 방법을 익힌다.

■ 도로에서의 충전

자전거여행 중 충전할 곳을 찾는 것은 그다지 어렵지 않다. 대부분

은 모텔이나 게스트하우스 등의 숙소에서 머물면서 배터리를 충전하지만 카페, 파출소, 소방서, 주유소, 교회 및 대형 마트나 편의점에서도 잠깐씩이나마 충전할 수 있다.

하루에 100km 이상 자전거를 타게 되면 점심 식사 중에도 충전을 해야 한다. 전기자전거의 완충 시간은 배터리 용량과 충전기에 따라 다르나 통상 3~4 시간 이상 걸리는 편이다. 최근에는 자전거의 지붕이나 트레일러에 대형 솔라 패널을 달아서 태양광으로부터 충전하는 삼륜 또는 사륜 리컴번트들이 폭발적으로 늘고 있다.

■ 전기자전거의 종류

• 파스(Pedal Assist System) 방식

이 방식의 전기자전거는 페달을 밟을 때만 도움이 된다. 모터의 토크 센서가 언제 작동해야 하는지를 결정하며, 정확성을 위해 케이던스 센서와 결합되는 경우가 있다. 더 나은 품질의 PAS 방식은 페달링을 시작하는 순간과 모터가 동작되는 순간의 사이에 거의 지체가 없어 전력공급을 원활하게 한다. 일부 PAS 방식은 힘을 가할 때 더 많은 힘을, 심지어 페달을 밟을 때 힘을 덜 줄 수도 있다.

국내에서는 현재 PAS 방식의 전기자전거만 공인해 주고 있다.

• 핸드 스로틀(Hand Throttle) 방식

이 자전거는 핸들바에 그립 비틀림 또는 단추가 있어 사용하려는 순간과 파워를 선택할 수 있어서 오토바이의 스로틀처럼 작동한다. 스

로틀 시스템은 PAS 방식의 전기자전거에도 통합될 수 있다.

■ 중앙구동 방식(Mid drive Motor)

미드 드라이브 모터는 센터 드라이브 모터 또는 크랭크 베이스드 모터, 센트럴 모터라고도 불리며 자전거 크랭크 세트에 장착되어 있다. 센터 드라이브의 가장 큰 장점 중 하나는 다양한 상황 예를 들어 업힐이든지 편평한 곳이든지 최적의 토크를 발생시키는 기어를 사용한다는 것이다. 이것은 모터를 보다 효율적이고 보다 효과적으로 만들어준다.

　중간 크기의 자전거에서 표준 바퀴를 사용하여 기어 내장 및 다이나모 허브 옵션을 제공한다. 표준 바퀴는 또한 펑크 같은 것을 바꾸기 위해 바퀴를 꺼내는 것이 빠르고 쉽다. 미드 드라이브 시스템은 허브 모터보다 가볍다. 무게는 또한 자전거 프레임에 중앙 낮은 위치에 있으며, 자전거의 핸들링에 최소한의 영향을 미친다. 이 전기자전거에는 토크 암이나 강화된 드롭 아웃이 필요하지 않지만, 종종 이러한 모터 주변에 특별히 설계된 자전거 프레임이 필요하다.

허브 드라이브 모터

　허브 드라이브는 전기자전거의 가장 일반적인 유형의 모터이다. 허브 모터는 매우 강력하고 효율적이며 거의 모든 표준 자전거에 쉽게 장착할 수 있다.

기어 내장 모터(예 : BMC V4)는 언덕에서 더 효율적이고 작고 가벼우며 휠 저항이 없다. 10개 이상의 구동 부품의 추가로 인하여 모터 소음이 증가하고 신뢰성이 떨어진다.

다이렉트 드라이브 모터는 가장 조용한 모터이므로 일반적이며 움직이는 부분이 없어 신뢰성이 뛰어나다. 단점으론 허브 중량 증가, 언덕 오르기에 사용할 수 있는 적은 토크 감소 등이 있다. 일부 다이렉트 구동 모터의 경우 재생성(재생) 제동 또는 강하를 통해 전력을 사용할 수 있다는 점은 주목할 가치가 있다.

GEARED MOTORS
Lightweight / Efficient / Freewheel
Bike remains a bike

DIRECT-DRIVE MOTORS
Life span / Speed / Power
Bike becomes more of a scooter

■ 전륜구동 방식(Front Hub Motor)

　전륜 구동 방식은 가장 간단하고 깔끔하며 일반 여행용 자전거의 개조에 적합하며 자전거의 미캐닉 전문가가 아닌 일반인이 설치하기에도 간편하다.

　프론트 허브는 종종 기어 내장 허브를 사용하려는 경우에 선호된다. 전륜 모터의 주된 단점은 모터 무게의 추가로 인하여 전륜의 무게가 늘게 되면서 자전거의 핸들링에 영향을 준다는 것이다.

■ 후륜구동 방식(Rear Hub Motor)

　후륜 구동 방식은 자전거 핸들링에 미치는 영향이 가장 적기 때문에

최근의 전기자전거에서 가장 보편적인 방식이다. 즉 성능을 향상시키기 위해 전기자전거에 실제로 무겁고 강력한 모터를 최대 1500W까지도 장착할 수 있다.

리어 허브 모터를 사용하려면 변속기 기어 링(또는 피니언 기어 박스)을 사용해야 한다. 더 강력한 모터의 경우 강력한 후방 프레임 드롭 아웃이 필요하다.

■ 전기트레일러

자전거에 장착된 모터만이 힘을 보태주는 유일한 방법은 아니다. 전기트레일러가 뒤에서 자전거를 밀어주는 방식도 있다. 완성품의 전기트레일러를 사든지 또는 프론트 허브 키트로 트레일러를 제작할 수도 있다. 전기트레일러의 가장 큰 장점은 일반 자전거에 무거운 배터

리와 모터를 추가 장착하지 않은 채 전기트레일러를 순식간에 분리할 수 있다는 것이다.

출력과 속도

세계의 많은 지역에서 전기 모터의 출력은 법적으로 통제를 받고 있다. 유럽과 호주에서는 전기자전거가 250W로 제한되며, 캐나다는 500W까지도 허용된다. 전기자전거의 제한속도도 국가에 따라 시속 25~32km로 제한된다.

250W 이상의 모터가 필요한가?

간단히 말해서 500W 모터는 250W 모터보다 2배의 출력을 주지만 그만큼 배터리 방전도 두 배로 빨라짐을 명심하자. 대부분의 전기자전거여행가들에게는 250W급 모터로도 충분하다.

배터리

전기자전거의 배터리는 다양한 모양으로 구성된다. 배터리팩을 얼마나 오래 사용할 수 있을지 비교할 때 가장 중요한 점은 와트 시간(Wh)으로 표현되는 저장된 총에너지이다.

와트 시간은 배터리 사양을 알면 간단히 계산할 수 있다.

배터리 전압 x 암페어 시간 = 와트 시간
예 : 36V x 12Ah = 432Wh

배터리는 일반적으로 24V, 36V 또는 48V으로 이루어지고 있으며 시간은 일반적으로 6~17Ah 정도이다. 따라서 200Wh~700Wh 범위의 배터리가 소모된다. 따라서 배터리 용량이 클수록 충전 간 거리는 보

다 길어진다. 용량이 큰 배터리는 작은 배터리보다 더 무겁고 비싸다는 것을 명심하자. 자전거여행에서는 통상적으로 최소 400Wh 이상의 배터리를 한두 개 정도 사용하는 편이다.

배터리는 리어랙 밑부분, 시트 튜브 또는 다운 튜브에 장착된다. 무거운 배터리의 최적의 위치는 가급적 낮은 중앙에 위치하며 종종 시트 튜브를 따라 위치한다. 이는 자전거 취급시 배터리 무게의 영향을 줄여준다.

전기자전거의 가격

대부분의 경우와 마찬가지로 중간 정도의 가격대에 투자하여 정교하고 신뢰할 수 있는 제품을 얻을 수 있다. 최소 150만원 이상은 되야겠지만 원하는 고사양의 제품을 얻으려면 500만원 이상이 넘을 수도 있다.

일반자전거를 전기자전거로 개조해 주는 키트는 미관상 흉할 수도 있지만 중간급의 배터리와 모터의 경우 100만원 안팎이면 가능하다. 또는 이미 갖고 있는 여행용 자전거에 모터를 달아 개조할 수도 있다.

여행용 하이엔드 전기자전거

이 자전거들 중 어느 것도 자전거 여행을 위해 특별히 설계된 것은 아니지만 괜찮은 부품을 갖춘 고품질의 자전거이다. 무거운 짐을 들고 긴 여행을 하려면 내구성 높은 스포크와 림으로 업그레이드해야 한다.

전기자전거의 스타일은 다양하기 때문에 자전거 사양을 충분히 검토해 봐야 한다. 물통을 몇 개나 장착할 수 있는지, 랙과 흙받이 장착이 가능한지를 면밀히 검토해 본다. 프레임 지오메트리에 대하여 공부한 후 여행용으로 자전거가 얼마나 잘 어울릴지도 검토해 본다.

전기자전거 개조 키트

일반 자전거를 전기자전거로 개조하기 위한 키트의 가격은 몇 십

미드-드라이브 모터　　　배터리　　　컨트롤 시스템

만원에서부터 시작하여 보다 강력한 키트는 200만원이 넘는 것도 있다. 착한 가격, 적절한 배터리/부품 및 긴 수명이 보장되는 중간 가격대의 좋은 가성비를 찾아보자. 국내에 여러 가지 다양한 브랜드의 개조 키트가 수입되고 있는데 오디바이크에서 수입되고 있는 가성비 좋은 고스페이드가 매우 무난한 편이다.

＊**추천 제품** : 고스페이드(odebike.co.kr)

고스페이드 모터키트 + 배터리

- 모터 출력 : 350W / 80Nm / BLDC
- 배터리 : 36V/10.5Ah 삼성 리튬이온, 6Ah(출시예정)
- 최대속도 : 25km/h에서 제한
- 주행거리 : 50km~90km(일반 모드 사용시)

●센서 : 스피드 센서 시스템(120개의 자석 센서를 사용하여 매우 정밀)

●무게 : 2.64kg(배터리 제외)

●충전시간 : 5.2시간

●방수등급 : IP65

여행용 태양광 전기자전거

태양광으로 구동되는 전기자전거를 타고 서울을 출발하여 신의주를 지나 시베리아를 건너 대서양 연안의 포르투갈까지의 유라시아횡단 솔라바이크 여행이 저자의 마지막 꿈이다.

제13장 자전거여행 필수 준비물

기본적인 필수품으로써 개인의 여행 목적이나 취향에 따라 가감될 수 있다. 예를 들어 사진촬영이 주목적인 자전거여행의 경우라면 사진 관련 장비가 훨씬 많아지고 다른 장비 즉 취사 장비나 취침장비 같은 것이 줄어들 수 있다.

자전거와 악세서리

- 자전거 : 여행용에 적합한 내구성, 신뢰성이 높은 제품으로 선택
- 프런트랙(앞짐받이) + 리어랙(뒷짐받이) 또는 트레일러
- 킥스탠드(외발 또는 두발)
- 핸들바백 + 패니어 + 배낭 또는 프레임백 + 새들백(안장가방)
- 전조등(헤드램프로 대체 가능), 후미등
- 백미러 : 핸들바, 헬멧 또는 안경에 부착
- 식수보관통 : 물통, 물백, 대용량 물주머니
- 속도계 : GPS와 내비가 내장된 방식도 좋으나 소비전력이 높음
- 자물쇠 : 너무 굵지 않은 가벼운 것으로 숫자키 방식이 편리
- 자전거가방 : 비행기 탑승시 무게 최소화와 휴대성 및 지속적인 사용을 위하여 직물로 된 소프트백이 적당

유지보수 키트

- 펑크패치키트(타이어 레버, 샌드페이퍼, 고무용 접착제)
- 체인 링크(체인이 끊어지는 경우)
- 스페어 볼트 4개(고정용 볼트가 빠져서 분실된 경우)
- 멀티툴(육각렌치, 체인툴 포함)
- 절연테이프 20cm(고정용 응급조치)
- 청테이프(또는 덕트테이프)
- 옷핀(의류나 패니어 등이 찢어졌을 경우)
- 튜브 노즐 고정용 너트 & 마개(스페어)
- 노즐 변환 어댑터(공기펌프 주입구 규격이 다른 경우)
- 케이블타이 4개(각종 장비 고정 및 수리용)
- 스페어 부품 : 튜브, 타이어, 브레이크 패드, 케이블, 스포크

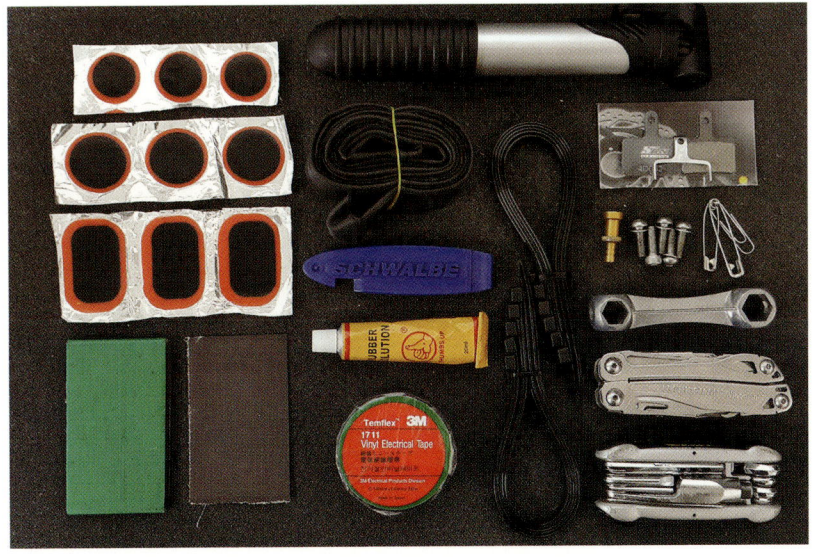

캠핑

취침 장비
- 텐트 : 자전거 짐들을 보관할 수 있는 여유 공간 필요
- 그라운드 시트 : 텐트 바닥을 보호, 습기 차단

- 타프 : 이슬, 햇볕, 강풍, 시야를 막아주고 텐트 수명 연장
- 매트리스 : 에어 매트는 부피와 무게를 모두 해결
- 침낭 : 날씨에 따라 적합한 수준 선택, 장기여행시 춘추용으로
- 비비색 : 텐트 없이 비박할 때 필수품
- 베개 : 침낭주머니에 의류를 넣어서 대체품으로 사용 가능
- 헤드 램프 : 야간에 식사나 작업시 매우 긴요

취사 장비

- 캠핑 스토브 : 석유나 가스 중 선택 또는 겸용
- 우드스토브 : Firebox
- 코펠, 머그컵, 시에라컵, 프라이팬
- 스포크 : 스푼 + 포크(티타늄 재질 강추)

- 칼, 주머니칼
- 파이어스타터
- 정수기 : 지역에 따른 옵션

AMG 티타늄 : amg-titanium.co.kr

의류

취향에 따라 유니폼이 아닌 일반 기능성 캐주얼로 입기도 함

따뜻한 날씨

- 하의 2벌(취향에 따라 패드 없는 것도 가능)
- 티셔츠 2벌, 또는 티셔츠 1벌 + 얇고 통풍 잘 되는 긴소매 셔츠
- 헬멧, 자전거용 반장갑

추운 날씨
- 보온 기모바지
- 보온 내의, 보온 자켓
- 버프, 바라클라바, 털모자, 보온 장갑, 보온 양말

방수
- 방수/방풍 자켓
- 방수 오버팬츠
- 방수 신발 커버 : 비닐주머니로 대체 가능

내의
- 상하의 3벌
- 양말 3켤레
- 여성의 경우 스포츠 브라, 일반 브라
- 수영복

신발
- 신발 1켤레 : 페달링에 적합하게 바닥이 단단한 것
- 샌들(슬리퍼) 1켤레

기타
- 선글래스 : 짙은 색 & 투명렌즈
- 스페어 안경

● 모자

화장품, 의약품류

● 치약, 칫솔 : 손잡이를 짧게 잘라 부피를 줄이기도
● 액체비누 : 헤어샴푸, 바디샴푸, 세탁세제를 겸하기도 함
● 극세사 스포츠타월
● 화장지, 물티슈
● 머리빗, 면도기
● 작은 가위 : 주머니칼 또는 멀티툴에 포함되기도
● 선크림
● 모기퇴치약 : 바르는 것 또는 손목이나 팔목에 차는 것 등
● 여성용 생리용품
● 유아용 파우더(엉덩이 상처용)
● 진통소염제
● 제사제(설사약)
● 일회용 밴드, 압박붕대, 소독약, 반창고
● 항히스타민제(알레르기용)
● 광범위 항생제
● 개인 약품(당뇨, 고혈압 등 지병용)

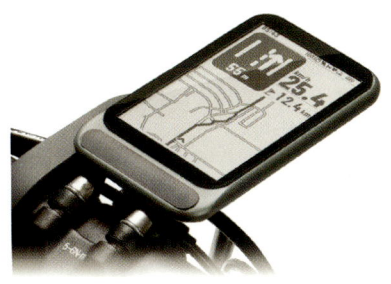

IT기기

- 스마트폰, 이어폰, 셀카봉, 미니삼각대
- 바이크 컴퓨터(GPS)
- USB 메모리, (Micro) SD 카드
- 대용량 외장배터리, 태양광 충전기
- 액션캠(GoPro 등), 드론(DJI Mavic Air 등)
- 아웃도어용 시계(나침반, 고도계, 기압계, 온도계, 방수 등)

기타

- 현금
- 신용카드(또는 체크카드)
- 비상금용 비밀주머니(또는 비밀 파우치)
- 신분증, 여권, 명함(50~100매 & JPG 파일) : 여권 사본 5매, 신분증 사본 2매(& JPG 파일)
- 여권 사진 10매(& JPG 파일)
- 외국어회화 포켓북
- 읽을거리(책)
- 종이지도, 오프라인 지도(스마트폰)
- 비상식품
- 서바이벌 키트

헬멧과 장갑은 자전거 라이딩의 영순위 필수품

제14장 패니어와 트레일러의 장단점

　패니어와 트레일러 둘 중에 어느 것이 더 나은지는 다양한 라이딩 환경 및 각자의 개성과 취향에 따라 선택할 따름이다. 어떤 사람들은 굳이 패니어를 선호하기도 하고 또 어떤 사람들은 굳이 트레일러를 선호하기도 한다. 이는 마치 일체형인 캠핑카가 나은지 또는 분리형인 캠핑트레일러가 나은지의 질문과도 일맥상통한다.
　한편 외바퀴 트레일러와 두바퀴 트레일러의 장단점도 또한 존재하므로 자전거 스타일과 여행하는 지형 및 교통환경에 따라 검토해야 한다.

● 패니어

■ 장점

1. 패니어 시스템은 가볍다.
   2개의 랙과 2쌍의 패니어는 트레일러와 드라이백을 합친 것보다 가볍다.
2. 구동 부품이 없으므로 고장날 일이 거의 없다.
   기계적인 부품이 거의 없으므로, 신뢰성이 월등히 높다.
3. 비용이 저렴하다.
   2쌍의 패니어와 2개의 랙은 트레일러와 드라이백보다 비교적 싸다.
4. 트레일러보다 끌림저항이 덜하다.
   따라서 업힐에서 특히 유리하다.
5. 짐의 종류에 따라 각각의 패니어에 분리 적재할 수 있다.
6. 추가 패니어를 뒷짐받이와 패니어 위에 가로로 얹어놓을 수 있다.
7. 여러 개의 패니어에 분리, 보관되기 때문에 짐찾기가 보다 용이하다.
8. 보다 많은 장비를 적재할 수 있다.
   전후륜 4개의 패니어를 사용하면 더 많이 실을 수 있다.
9. 접근성이 우수하다.
   계단, 에스컬레이터 및 엘리베이터나 울타리, 개천을 지나가기가 쉽다.

■ 단점

1. 견고한 랙의 장착이 필요하다.
2. 짐을 찾기 위해서 어느 패니어에 들어가 있는지 잘 구성해 놓고 기억해야 하며 좌우간의 무게 균형이 필요하다.
3. 과중한 무게로 타이어가 빨리 닳고, 자전거의 전체적인 수명도

단축된다.
4. 무게 중심이 높아서 좌우로 흔들림이 발생한다.
5. 패니어의 측면 면적이 넓어서 측면 바람에 영향을 받는다.
6. 자전거 자체가 무거워져서 균형잡기가 어려워진다.
7. 타이어 펑크 수리, 드레일러 조정 또는 체인 청소 등이 필요할 때 패니어를 벗겨야 한다.

● 트레일러

■ 장점

1. 무겁거나 큰 부피의 짐을 적재하기에 편리하다.
   (장작, 얼음, 수박, 쌀포대, 맥주 박스 등)
2. 식탁이나 의자 같은 가구로도 활용될 수 있다.
3. 어떤 모양의 자전거 프레임에도 장착이 가능하다.
4. 길이가 긴 짐을 실을 수 있다.
5. 공간이 넓어서 짐쌓기에 편리하다.
6. 패니어의 입구보다 훨씬 넓어서 짐을 넣거나 빼기가 훨씬 편리하다.
7. 자전거에 수직 부하를 주지 않아 자전거의 수명을 늘려준다. 후륜에 스트레스를 거의 주지 않는다.
8. 무게 중심이 낮아서 라이딩의 조향성이 좋다.

9. 짐받이랙이 없는 자전거라 트레일러만 분리하면 가벼워지기 때문에 이동하기가 수월해진다.
10. 발이나 페달이 패니어에 닿을 걱정이 없다.

■ 단점

1. 자전거에 탄력을 주기 때문에 다운힐시, 급제동이 어려워 위험할 수 있다.
2. 전체 길이가 길어져서 회전반경이 커진다.
   주차나 회전 또는 후진하기에 곤란을 겪을 수 있다.
3. 자전거와 트레일러 사이에 심한 진동이 발생될 수 있어서 고속 라이딩시 위험하다.

4. 공항이나 버스, 기차 등에 탑승시 무척 번거롭다.
   자전거와 트레일러의 전체 길이가 길어서 선박 탑승을 제외하고 통째로 탑승할 수 없기 때문에 트레일러를 분리해야 하는 번거로움이 있다.
5. 트레일러를 위한 스페어 타이어/튜브/연결핀 또는 추가 공구가 필요하다. 후진국에서는 트레일러용 16인치나 20인치 휠을 구하기가 쉽지 않다.
6. 패니어 시스템에 비해 무겁다.
7. 짐이 많지 않은 경우, 사용하기엔 번거롭다.
8. 부품이 고장나면 문제가 매우 심각해진다. 고장난 스포크는 더욱 문제가 된다.
9. 트레일러 보관을 위한 공간이 필요하다.
10. 장거리 여행 중, 험로 라이딩에서 트레일러의 바닥 높이가 낮아서 적지 않은 곤란을 겪을 수 있다.
11. 프런트 패니어가 없는 경우, 간단한 물건을 넣고 빼기에 트레일러까지 돌아가서 큰 뚜껑을 열고 닫아야 하는 불편함이 있다.
12. 외바퀴 트레일러의 경우, 자전거를 눕히면 구조상 함께 눕혀지기 때문에 킥스탠드가 필요하다.
13. 외바퀴 트레일러는 단지 한 개의 트랙(선로)을 갖는데 비해 두 바퀴 트레일러는 3개의 트랙을 갖게 되어 끌림저항이 높아질 뿐 아니라 깊은 구덩이나 장애물을 피하기가 어려워진다.

● 결론:

어떤 것이 더 좋다 나쁘다고 무조건적으로 단정지을 수 없고 자신의 자전거 타입과 여행 기간, 현지 지형, 교통환경 및 개성, 취향 등에 따른 적절한 선택이 필요하다.

제15장 텐트의 특성과 선택

개론

자전거로 여행시, 자신의 기본적인 주거를 맡아줄 텐트의 중요성은 두말할 필요가 없을 것이다. 힘든 자전거 라이딩 후, 안락한 휴식을 취할 수 있는 평온한 밤을 위하여 무엇보다 중요한 것이 바로 텐트이다. 한여름용의 그늘막이 아닌 사계절 캠핑용 텐트는 비싼 편이지만, 그만큼의 값어치가 있다.

자전거 여행을 준비하고자 하는 경우, 자전거와 캠핑용 텐트 및 침낭의 세 가지 구매에 특히 아낌없는 지출을 권장한다. 따라서 비상용

또는 일회성으로 그칠 여행을 위한 텐트가 아니라면, 신뢰성있는 브랜드의 텐트로 선택할 것을 강추한다.

수없이 많은 텐트의 모델과 제조업체 중에서 내게 적당한 제품을 선택하기란 결코 간단하지 않다. 텐트의 특성들을 함께 살펴보면 지리적, 기후적 환경에 따라 내게 적합한 텐트의 선택 범위가 보다 좁혀짐을 느끼게 될 것이며, 자신의 필요성에 부응하는 최상의 텐트가 어떤 것인지 알 수 있게 될 것이다.

텐트의 특성

텐트를 고르는 최상의 방법은 자신이 필요로 하는 특성에 우선순위를 매기는 것이다. 다음은 자전거 여행을 위한 완벽한 텐트를 고를 때 고려해야 할 사항의 체크 리스트이다.
텐트 특성에 대한 이해가 아직 부족하다면 일단 유명 브랜드의 텐트를 선택하는 것도 좋은 방법이 될 수도 있다.

● 크기

장기간의 여행을 계획하고 있으며 솔로 투어인 경우 2인용 텐트를, 그리고 두 명의 여행이라면 넉넉한 2인용 또는 3인용 텐트로 고를 것을 강력히 권장한다. 그만큼 투자 가치가 있으며, 오래 될수록 그 진가를 느끼면서 고맙게 느낄 것이다.

● 무게

달팽이와 다를 바 없이 자신의 집을 자전거에 싣고 운반하게 됨에 따라 가급적 가벼운 것을 골라야 한다. 즉 10kg이 넘어가는 오토 캠핑용 패밀리 돔 텐트들은 지금부터 아예 싹 잊어버리자.
공간, 특성 및 내구성 및 편리성과 무게의 여러 사항들을 각각 균등하게 고려해야 한다.

극단적인 간편을 위하여 쉘터 수준의 비비색, 해먹, 원폴 텐트, 타프 텐트만을 휴대하는 솔로 여행가들을 종종 볼 수 있다.
다른 한편의 극단적인 경우, 거창한 전실과 모든 옵션이 포함된 3인용 돔텐트를 휴대하는 커플들을 간혹 보기도 한다.

두 가지 모두 극단적이긴 하지만 역시 가능한 모습이며 단지 자신의 개성적인 선택에 따를 뿐이다.

● 색상

텐트의 색상은 별 문제가 아닐 것으로 보이겠지만, 실제로 커다란 차이점이 있다. 특히 장거리 여행에서 종종 하게 되는 스텔스 캠핑을 하게 되는 경우엔 매우 중요하다. 그런 경우 주변 환경과 교묘하게 섞이도록 도움 주는 위장색이나 자연색으로 맞추는 게 좋다.

그러나 경우에 따라 가시성이 중요해서 남에게 잘 띄는 색상이어야 겠다면 밝은 색상이 유효하다. 어두운 색상은 햇빛을 흡수한다는 걸 명심하라. 이는 날씨에 따라 주변상황에 따라 장점이 되기도 하고 단점이 되기도 한다.

● 자립형 텐트(Free Standing Tent)

펙(말뚝) 없이 스스로 설 수 있는 텐트인 자립형 텐트는 그 외에 아무 것도 필요가 없지만 전실이 있는 자립형 텐트의 경우엔 종종 펙이 필요하기도하며, 펙 없는 자립형 텐트는 강풍에 약하고 통풍도 좋지

않다. 장기간의 캠핑을 떠난다면 자립형 텐트를 추천한다.

왜냐 하면 펙을 사용하지 않고도 땅바닥이 아닌 콘크리트 바닥 같은 어느 곳에서든지 텐트를 설치할 수 있기 때문이다.

자립형이든 비자립형이든 각각 장단점이 있다.

● 전실 넓이

텐트에서 지내는 낮 시간이 많거나 비오는 날이 많은 환경이라면 전실이 넓은 텐트를 일순위로 놓도록 고려한다. 자전거 전용 텐트인 MSR Velo는 현재 단종되어 생산하지 않지만, 다음과 같은 Terra Nova Voyger XL이라는 모델이 새로이 출시되었다.

● 플라이를 먼저 칠 수 있는 텐트

 어떤 텐트는 방수를 위한 레인 플라이를 텐트보다 먼저 칠 수 있도록 가능케 함으로써 내부의 텐트를 마른 상태로 유지시켜 준다. 이는 단기간의 여행이거나 온화한 날씨 또는 벌레가 없는 자연환경에서 단지 플라이만 가져가서 텐트 없이 지낼 수 있다는 유연성 있는 장점이 추가된다.

덥고 습한 환경에서 플라이 없이 잠잔다는 것은 즉흥적인 공기 순환이란 장점으로 보너스가 될 수 있다. 또한 플라이가 없음에 탁 트여진 밤하늘의 별을 음미하며 하얀 은하수를 이불 삼아 황홀한 취침을 할 수 있다.

● 플라이만 혹은 텐트 본체만, 또는 바닥이 있거나 없거나

어떤 텐트들은 플라이만 혹은 그 내부의 텐트만을 칠 수 있으며 또한 바닥이 있거나 없을 수도 있다.

● 3계절 텐트 또는 4계절 텐트

　일반적으로 자전거여행자들은 봄, 여름, 가을 3계절 중에 여행하게 되는데 이는 겨울철보다는 준비물이 가벼워지고 또한 호흡하기에도 적당하기 때문이다. 4계절용 텐트는 찬바람을 막아주는 방풍성과 함께 겨울철 눈의 무게를 지탱할 만한 견고성이 있는 구조로 되어 있어서, 극지 등반용으로 설계되어 있다. 또한 4계절용 텐트는 만약의 겨울철 비상사태에 대비하여 멀리서도 눈에 띨 수 있도록 가시성 높은 밝은 색을 채택하는 경우가 많다.

사진과 같이 Terra Nova Voyager XL은 4계절용 텐트로 다양한 통풍 옵션이 있다.

한편 1.87kg 무게의 초경량 타프 텐트로서 3계절 4인용인 TarpTent 사의 Hogback은 텐트 내부에 자전거 두 대와 패니어 등의 짐을 모두 넣고도 두 사람이 잘 수 있으며 이너텐트는 매쉬로 되어 있어서 가벼울 뿐만 아니라 방충망과 통풍 면에서 완벽한 기능을 보여준다.

텐트의 종류

● 펙(말뚝)

　진흙이나 모래밭 또는 눈밭 등 지질에 따라 적합한 펙을 선택한다. 일반적으로 ㄱ자 또는 삼각형 모양의 강한 알루미늄 펙을 추천하며, 일부 고급 브랜드의 텐트들은 가볍고 견고한 티타늄 펙이 포함되어 있는 경우도 있다. 아래 사진의 맨 우측 펙처럼 나무 데크의 틈 사이에 돌려서 끼워 넣는 것이 필요한 경우도 있다.

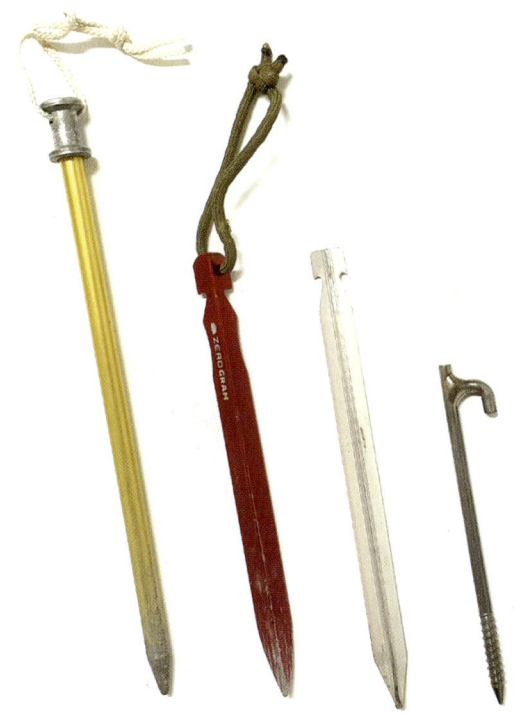

● 원폴 텐트

폴대가 하나뿐이라 가벼운 텐트의 전형적인 유형이다. 바람에도 강하고 통풍성도 우수하며 내부가 특히 넓어서 편리한 반면, 보다 많은 펙을 필요로 한다.

● 에어 서포트 텐트(공기 자립식 텐트)

Nemo에서는 그들만의 텐트를 위한 기발한 AST(Air Supported Technology)를 고안했는데 에어 서포트 기술로써 기존의 폴대를 사용하는 것 대신에 낮은 압력의 공기가 들어간 에어빔(airbeam)이라고 불리우는 팽창성의 튜브와 경량의 펌프로 이루어진 시스템을 말한다.

Nemo의 Morpho 2인용 텐트와 Heimplanet의 Fistral 2인용 텐트

● 그라운드 시트(깔개, 풋프린트)

텐트 바닥을 보호하여 수명을 늘리고, 지면으로부터의 습기를 차단하기 위한 필수품이다. 텐트의 아킬레스건은 바로 바닥이므로 그라운드 시트를 텐트 밑에 깔아줌으로써 텐트 바닥의 스크래치나 찢어짐 또는 구멍이 뚫리는 걸 미연에 방지할 수 있어서 새 텐트를 사지 않아도 되도록 절약할 수 있다.

저렴한 타프를 이용할 수도 있지만 비교적 두껍고 무거우며 무엇보다 텐트 사이즈에 잘 맞지 않는다.
그라운드 시트가 텐트 사이즈보다 크면 빗물이 흘러들어올 수 있으므로 텐트 사이즈에 딱 맞거나 살짝 작은 것을 선택하도록 한다.

● 싱글 월 텐트

유명 브랜드에서 만든 것이라면 싱글 월 텐트는 매우 가볍고, 콤팩트하고, 치기 쉽고, 견고한 것임에 틀림없겠지만 여름 한 계절용 저가 텐트들의 대부분은 싱글 월 텐트이다. 이 저가 텐트의 심각한 문제점은 빈약한 통풍성과 결로현상으로, 결로 문제는 추운 날씨에서 더욱 심해지므로 추운 날씨에서는 전혀 적합하지 않으므로 추천하지 않으

나 포근하고 건조한 기후에서 또는 비상용으로는 선택할 만한 하다.

● 두 겹 출입구 텐트

대부분의 텐트는 두 겹의 다른 직물로 구성된 출입구를 갖고 있다. 한 장은 출입시에 둘둘 말아 감아놓을 수 있으며, 더운 날씨에서는 다른 한 장의 방충망만 열어서 통풍을 원활하게 할 수 있다.

● 올-매쉬 바디 텐트

어떤 이너 텐트는 4면 전부 또는 대부분이 방충망으로 되어 있어서 통풍을 현저하게 증가시키고 반대로 무게는 대폭 감소시켜 준다. 또한 플라이를 치지 않는 경우, 밤하늘의 화려한 별들을 바라보며 환상

Tarptent사의 Hogback 이너 텐트 (플라이를 치지 않은 상태)

적인 잠을 청할 수 있다. 그러나 온화한 날씨에서는 이상적이지만 추운 밤이나 바람이 강한 날씨엔 추천하지 않는다.

● 수직 벽 텐트

최근의 텐트 중엔 측면이 거의 수직으로 구성되어 내부 공간의 면적을 훨씬 더 늘려주는 것도 있지만 강풍의 날씨에서는 밑부분이 바람에 잘 견디지 못하는 단점이 있다.

● 개폐 가능한 통풍구

필요한 경우 통풍을 보다 원활히 하기 위함이다.

● 천장의 고리와 매쉬 포켓

매쉬 포켓은 천정에 부착된 한 뼘 정도 크기의 주머니로 그 안에 간단한 소품을 보관할 수 있다. 천정 고리에는 실내 조명을 위한 플래시 라이트를 걸거나 젖은 양말이나 땀내나는 자전거 의류 등을 널어놓아

서 잘 건조되도록 할 수 있다.

● 폴 슬리브 대 폴 클립

폴 슬리브는 강풍 속에서 텐트를 보다 안정되게 만들어 주지만, 슬리브가 하나로 된 긴 슬리브가 아니라면 텐트 치기에 시간이 걸리고 통풍을 감소시킨다는 단점이 있다. 그에 비해 폴 클립은 보다 손쉽고 빠른 셋업이 가능하며 또한 더 나은 통풍을 보장해 주지만 텐트의 안정성은 비교적 떨어진다.

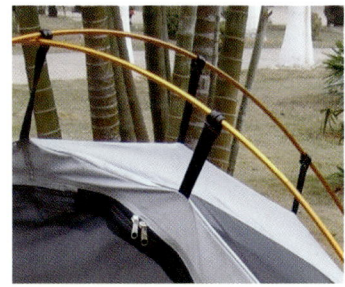

● 실내 주머니

간단한 소품 즉 MP3 플레이어나 헤드램프 또는 핸드폰이나 지갑 등을 간편하게 수납할 수 있도록 한다. 텐트를 철수시 간혹 이 주머니에 있던 물건들을 빼놓지 못한 채 깜빡하고 수납된 그대로 접는 경우도 있으니 필히 확인하도록 한다.

● 허브 폴

최신 제품에서는 허브라고 불리우는 금속제 폴을 연결해서 사용한다. 제대로 설계된 텐트에서는 다양한 길이의 3개 폴을 연결하여 사용함으로써 폴의 무게는 줄이고 구조물의 강도는 커진다.

● 반사체

어떤 텐트는 플라이 위에 반사막을 코팅해 줌으로써 어두운 밤, 주변 도로에서 차량이 지나칠 때 잘 인식되도록 한다. 이런 반사체는 수백 미터 거리에서도 눈에 띌 수 있다.

● 탈부착가능한 전실

어떤 텐트는 전실을 간편하게 탈부착할 수 있음으로써 짧은 기간의

Big Agnes사의 Emerald Mountain SL2

여행이거나 포근한 날씨인 경우 집에 내려놓고 갈 수 있다.

내구성과 신뢰성 있는 텐트 선택법

● 폴대

직경 8mm 이상의 견고한 알루미늄 폴을 주로 사용하는데 카본 파이버로 만들어진 폴은 알루미늄 폴에 비해 무게가 반 정도이면서 훨씬 더 강하지만 가격 또한 만만치 않아서 주로 극한 상황의 산악 등반에서나 사용하는 편이다.

● 직물

모든 브랜드의 텐트들은 합성섬유로 만들어졌으며 최상의 재질은

립스탑 폴리에스터로, 각 제조업체는 나름대로의 적당한 이름을 붙여서 출시하고 있다. 그 사양들은 제각기 달라서 비교하기가 쉽지 않지만, 대체적으로 텐트가 무거울수록 원단이 튼튼한 편이며, 직물이 두꺼울수록 보다 오랜 시간 방수 기능을 유지할 수 있다. 그러기 위해선 방수 코팅은 당연히 필수적이다.

● 방수 코팅

각 제조업체들은 통상적으로 폴리우레탄이나 실리콘을 사용하여 나름대로의 공법으로 방수 코팅을 하는 동시에 자외선 차단과 통기성 기능까지 가능하도록 하고 있다. 방수 기능의 사양은 mm 단위로 표기하는데 통상 1,000mm~2,000mm 정도다.

● 환기성

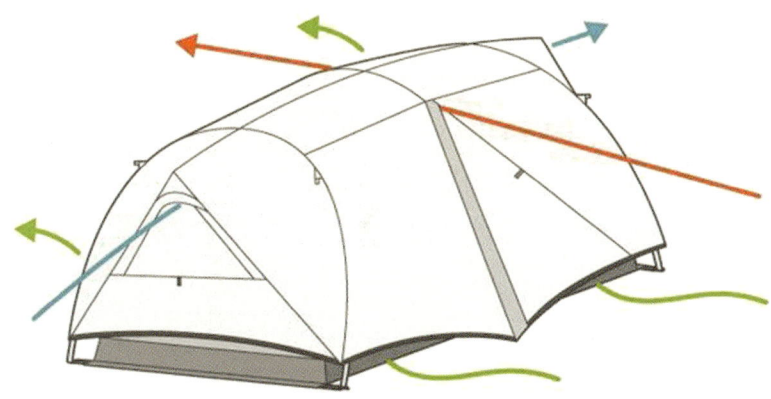

환기성은 아주 매우 중요한 요소다. 좋은 텐트란 내부에서의 공기 순환을 원활하게 해 줌으로써 텐트 내부에서의 호흡으로부터 나오는 수분의 결로 현상을 막아준다. 이는 특히 추운 날씨에서는 엄청난 차이를 가져다 준다. 따라서 통풍구의 개폐와 방충망 문의 채택으로 공기 순환을 조정할 수 있게끔 해 준다.

● 이음매(심, Seam)

좋은 텐트란 이음매가 세련되고 튼튼한 것을 의미한다. 그러나 텐트 제조업체가 어디든지 간에 텐트의 이음매는 종종 가장 취약점으로 존재해 왔다. 특히 바닥의 후면이나 플라이 상단이 그러하며 텐트를 오래 사용하다 보면 누수가 생기곤 하는데 아무리 좋은 텐트라도 냉혹한 환경에서 수년간 사용하게 되면 누수가 생기기 시작한다.

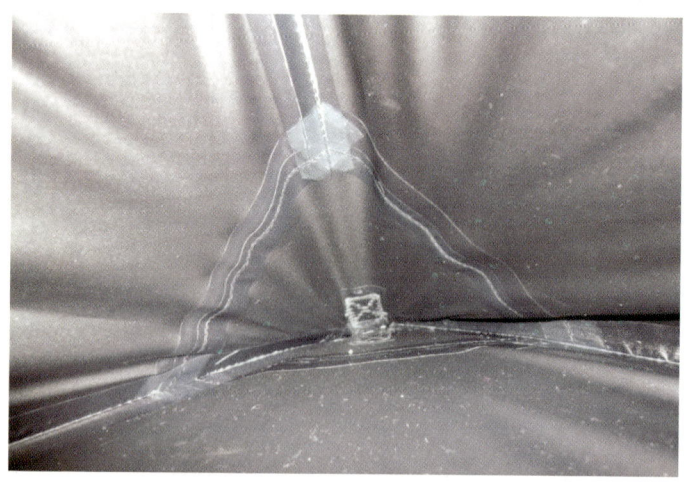

● 지퍼

　싸구려 텐트를 샀던 분들은 빠르든 늦든 지퍼의 고장이 한 번 발생되면 아무 것도 할 수 없음을 깨닫게 된다. 물론 플라이어 같은 공구가 있으면 지퍼를 간단히 수리할 수도 있겠지만 기껏해야 며칠 밤 정도 견딜 뿐이다. 지퍼가 부착된 부분은 최고의 장력을 견딜 수 있도록 3중 4중으로 이음매를 강한 재질로 튼튼하게 봉제해야 장기간 여행 중에도 지퍼가 견고하게 오랫동안 지탱될 수 있다.

제16장 텐트를 오래 쓰려면

애초에 내구성과 신뢰성이 뛰어난 텐트를 사는 것이 텐트를 오래 사용하기 위한 기본적 투자다. 텐트를 제대로 잘 관리하며 사용한다면 적어도 십년 이상 사용할 수 있다.

1. 깔개(그라운드 시트)를 꼭 사용하라.

텐트를 사용할 때마다 텐트 밑에 깔개를 깔아주자.
  이는 단지 텐트 밑바닥을 청결하게 하는 것 뿐만 아니라, 과도한 마모를 막아주어 수명을 늘려주는 매우 중요한 기능을 한다.
  텐트를 접을 때 접은 텐트 위에 깔개를 씌워서 보관하는 것도 좋다.

2. 곰팡이를 막아라.

　텐트를 절대로 이슬이나 비에 젖은 축축한 상태로 보관하지 마라. 텐트를 젖은 채로 보관하게 되면 따뜻한 날씨에선 하루만에도 충분히 곰팡이가 낄 수 있다. 곰팡이는 텐트에 최악의 적이다. 곰팡이가 낌으로써 악취가 나고, 얼룩이 지고, 방수 코팅에 빠른 손상을 일으키게 되어 원단으로부터 떨어져 나가면서 결국 텐트의 방수기능이 효력을 잃게 된다. 밤중에 자는 동안에 입김으로부터의 습기가 텐트 내부를 젖게도 한다. 텐트 말리는 걸 주제넘는 일이라 생각하지 말고 접기 전에 햇볕에 꼭 널어서 말리는 습관을 만들자.

3. 태양의 자외선으로부터 보호하라.

　텐트는 태양의 자외선에 그대로 노출되는데 이 자외선이 바로 텐트를 노화시키는 주범임을 명심하라. 만약 같은 장소에서 장기간 캠핑을 한다면 햇볕이 강한 한낮에는 텐트 위를 타프로 가려주도록 한다. 일년에 한 번 정도는 캠핑 가기 전에 텐트를 보호해 주는 방수제를 스프레이해 주도록 한다.

4. 진흙이 묻으면 다음날 린스로 세척해 주라.

　그렇게 하지 않으면 코팅이 벗겨지게 되어 폴리에스터 섬유 사이에 쌓이게 된다. 특히 이음매(심)에 잘 끼인다. 텐트의 원단에 오물이 스며들게 되면 끝장이 날 수도 있으며 누수가 시작하게 되는데 이 시점이 되면 이미 때는 늦은 것이다.

5. 깨끗이 세척하는 방법

절대로 동네 세탁소의 기계세탁이나 드라이크리닝을 하지 말라. 또한 설거지용 세제나 표백제, 얼룩 제거제, 세척제 또는 프리소킹(pre soaking) 제품을 절대로 사용하지 마라.
텐트에서 악취가 나거나 흙이 많이 묻었거나 험하게 사용 후 장기간 보관하는 경우에만 세척한다. 단지 흙이 묻은 거라면 가정용 호스를 이용해서 씻어주면 충분하다. 만약 텐트가 심각하게 더러워졌다면, 절대로 연마용 스폰지를 사용하지 말고, 미지근한 물에 비세척성의 부드러운 비누로 손세탁을 한다. 린스로 마무리를 한 후 완벽히 말려준다. 연마용 스폰지로 문질러주면 텐트 원단의 코팅이 벗겨진다.

6. 방수기능 되살리기

이는 누수를 예방하기 위한 보수법으로써 새로운 여행을 준비할 때 방수를 위한 재보수를 한다. 이런 용도로써는 손세탁만 허용되며, 원단에의 발수 코팅을 복원시켜주고 사용상의 간편함을 위한 스프레이 제품을 찾아볼 수 있다.

7. 이음매(심)의 누수 방지

이런 용도의 제품으로서 McNett의 Seam Grip Seam Sealer나 Coghlan's의 Seam Seal 제품을 종종 추천하며, 공장에서 심 테이프 처리된 원단에도 적용 가능하다. 이음매 봉인(Seam Seal)은 텐트 내부의 이음매를 따라서 적용하며, 방수 코팅으로 한 층을 덧씌워 준다. 제조업체에서는 이음매가 누수되는 경우에만 이 방법을 추천하지만, 장기 여행을 떠나기 전에 이음매 전체를 따라 누수방지제를 미리 발라주고, 여행 중 발생될지도 모를 누수에 대비하여 작은 튜브에 들어 있는 Coghlan's Repair Kit를 챙겨간다.

8. 지퍼를 양손으로 닫아라

지퍼가 더 이상 작동되지 않는다면 텐트로서의 역할은 이미 끝나버린다. 텐트의 출입구 지퍼를 잠글 때에는 양손으로 지퍼의 양쪽을 잡고 작동시켜야 한다. 한손으로는 지퍼 손잡이를 잡아 열거나 닫고, 다른 한손은 양쪽 가이드를 잡아주어 지퍼에 걸리는 장력(텐션)을 최소화시켜 주어야 지퍼의 파손을 막을 수 있다.

9. 폴대가 파손되지 않도록 하라

폴대의 한쪽 끝이 다른 폴대에 완전히 삽입되지 않은 채 연결될 때 연결 부위가 파손되기 쉽다. 폴대가 휘어질 때 폴대의 암컷 부위가 갈라질 수 있다. 이렇게 갈라질 수 있는 흔한 요인은 우천시 성급하게 텐트를 치다가 폴대가 빗물에 젖게 됨에 따라 미끄러지고 그 폴대는 다음 마디에서 미끄러져 버린다. 따라서 쇼크 코드가 낡아져서 탄성을 잃게 된다.

10. 찢어졌을 때

• 응급처치

이는 자전거 튜브의 펑크를 때우는 요령과 기본적으로 동일하다. 패치 키트를 사용하기 전에 먼저 직물 표면을 깨끗하게 말려준다. 최상의 결과를 위하여 직물의 양쪽에 패치를 발라주어야 보수한 효력이 오래간다. 찢어진 부분을 응급처치하는 빠른 방법은 직물 양면에 포장용 청테이프로 붙여서 막아줄 수 있다.

그러나 이는 응급처치일 뿐, 접착제가 직물 원단에 스며들어 직물이 상하지 않도록 가능한 한 빨리 떼어주어야 한다. 패치를 자를 때 가장자리를 둥글게 만들어 주어야 하며, 그렇지 않으면 빨리 벗겨질 우려가 있다.

• 영구적 보수

집에 돌아오면 찢어진 부위의 안팎 양면에 일반용인 McNett의 Seam Grip 같은 방수용 우레탄 특성의 접착제를 넉넉히 바른 후, 고무나 PVC 패치를 이용하도록 권한다. 이 제품은 놀라우리만치 뛰어난 접착 기능을 발휘한다.

샌드위치처럼 직물 양면에 패치를 붙인 후, 두터운 책갈피 사이에 끼워넣어서 무거운 것으로 누른 상태로 적어도 12시간을 경과한다. 패치된 부위를 꽉 눌러주기 위하여 무거운 침대 다리 밑에 받쳐 놓으면 더욱 좋다.

텐트/오르트립 패니어 찢어짐 보수 키트 : cityhands.com

제17장 미니멀리스트 바이크패킹

단기간 여행이든 장기간 여행이든 최소한의 짐과 함께 가급적 가볍게 떠나기 위한 자전거 짐꾸리기를 미니멀리스트 바이크패킹(Minimalist Bikepacking)이라고 하며 울트라라이트 바이크패킹(Ultralight Bikepacking)이라고도 부른다.

수백 킬로 코스를 뛰는 울트라 레이서들은 짐을 10리터 이하로 최소화하고자 엄청 노력한다. 카레이싱의 경우, 운전석을 제외한 다른 좌석을 다 제거한 후 카라디오라든가 백미러조차 제거하여 조금이라

도 중량을 줄여 속도를 내고자 최선을 다하는 걸 보았을 것이다. 미군 보병의 완전군장이야말로 전형적인 울트라라이트 백패킹을 잘 보여 주고 있다.

짐이 가벼워질수록 몸이 가벼워지고,
몸이 가벼워질수록 정신도 가벼워진다.

울트라라이트 바이크패킹 기본 개념

꼭 필요한 것만 챙겨라

짐꾸릴 때 다시 한 번 잘 살펴보면, 중복되거나 그다지 필요하지 않은 걸 챙기는 경우가 종종 있다. 일단 짐을 챙긴 후 두 번 세 번 점검하면서 중복된 것이나 꼭 필요하지 않은 것은 없는지 다시 한 번 살펴본다.

다용도 활용이 가능한 것으로 선택하라

우비를 추울 때의 보온용으로도 활용하는 것이 바로 그 좋은 예이다. 또한 라이딩용 저지 대신에 기능성 티셔츠를 입는 것도 좋은 방법이다. 신발 역시 라이딩과 하이킹 겸용이 가능한 것으로 선택하라. 클릿 슈즈라도 걷기에 편한 것들이 있다. 숟가락과 포크 겸용인 스포크를 활용하라. 스마트폰이야말로 단순한 전화기 이상으로 수많은 기능을 제공해 주고 있어서 웬만하면 노트북 PC와 카메라가 필요없게 되었다. 하지만 배터리가 방전되면 고철 덩어리에 불과함을 명심하라.

식재료와 식수

물과 먹거리는 다시 보급받을 수 있는 지점까지의 필요한 용량만큼만 챙겨라. 도시나 마을에서 충분한 양으로 식사하고 라이딩 중엔 활동식이나 스낵으로 때운다. 파스타, 쌀, 귀리, 콩, 버섯 같은 건조식품이야말로 오지여행에서의 필수품이다. 견과류 같은 고칼로리 식품 또한 무게와 부피를 줄여주는 중요한 선택이다.

부분별 추천 중량

1. 자전거 : 8~12kg(짐받이, 물통케이지 등 악세서리 포함)
2. 텐트 또는 타프 : 1.5kg 이하
3. 침낭 : 1kg 이하
4. 매트리스 : 0.5Kg 이하

5. 취사도구 : 1Kg 이하

6. 의류 및 악세서리 : 0.5Kg 이하(기후에 따라 추가 가능)

여행용 경량자전거

여행용 티타늄 자전거로 10kg 미만인 제품을 구입하든가 또는 여행용에 적합한 티타늄 MTB에 짐받이와 물통 케이지를 추가하는 방법이 있다. 카본 프레임은 가볍긴 하지만 여행용으로는 아직 내구성이 떨어지는 편이라 절대 비추한다.

폴딩 타이어

타이어는 크게 와이어 비드가 들어간 무겁고 뻣뻣한 타이어와 케블라 비드가 들어간 가볍고 접혀지는 타이어로 나뉘어진다. 폴딩 타이어는 가볍긴 하지만 비싼 편이고 와이어 비드가 들어간 타이어는 무겁긴 하지만 구름저항이 적은 편이고 내구성이 좋다.

경량 튜브와 튜브리스 타이어

경량 튜브는 일반 튜브보다 약간 비싸지만 무게는 반 정도 밖에 안 된다. 만약 2인치 이상의 광폭 타이어를 사용 중이라면 튜브리스 타이어로 선택하는 것도 경량화를 위한 훌륭한 방법 중 하나다. 튜보리토(Tubolito) 튜브는 가장 가벼운 만큼 가장 비싼 제품이다.

휠

만약 휠을 업그레이드하고자 한다면 0.5kg 정도를 줄일 수 있다. 무게를 줄이겠다고 카본휠을 쓰진 말고 알루미늄림으로 만들어진 1.5kg 이하의 로드 휠셋이나 1.6kg 이하의 MTB 휠셋으로 업그레이드하면 된다.

MTB 포크

자전거에 서스펜션이 꼭 필요하다고 보는가? 500~600g 정도의 카본 리지드포크는 1.5~2.5kg이나 되는 일반 서스펜션의 무게를 엄청나게 줄여준다. 600g~1kg 정도인 알루미늄 서스펜션은 가성비 면에서 우수한 편이다.

싯포스트

대부분이 알루미늄 재질인 싯포스트를 카본 재질로 바꾸면

100~200g을 줄일 수 있으나 내구성 면에선 좀 약해진다.

랙(짐받이)

기본적으로 장착된 랙들은 무거운 편이다. 보다 가벼운 바이크패킹을 위하여 유효하중이 줄어든 구조의 경량 랙이나 좀 비싸지만 티타늄 랙을 이용하면 무게를 좀 더 줄일 수 있다.

한편 장기간의 내구성을 위해선 자전거의 프레임처럼 크로몰리 재질이 훨씬 우수하다. 결론적으로 자전거와 짐을 포함한 총중량이 20kg이 넘지 않도록 하는 것이 키포인트이다.

프레임백

기존에 사용하던 일반 패니어를 소프트 타입의 프레임백과 대형 싯포스트 팩 및 핸들바 팩으로 교체하면 무게를 꽤 줄일 수 있다.

오르트립(Ortlieb) 핸들바 팩 M 사이즈, 15 리터 : 417g
오르트립(Ortlieb) 시트 팩 L 사이즈, 16.5 리터 : 430g

쉘터

타프(Tarp)

무거운 텐트로부터 벗어나는 획기적인 방법 중 하나가 타프를 이용하여 300~500그램 정도로 경량화하는 것이다. 특히 자전거를 폴대로

사용하면 도난방지도 되어 일석이조이다. 이 경우 모기 같은 해충이나 뱀의 침투를 막기 위한 방충망이 내장된 비비색이 필수적이다.

비비색

'비박(Vibouac)용 색'의 줄인 말로 텐트를 초소형화한 것이다. 사

방이 방충망인 것은 한여름용으로 최적이며, 고어텍스 재질에 얼굴 부위만 방충망으로 처리한 것은 한여름엔 침낭까지 대신할 수 있으며 침낭을 넣으면 3계절용으로 사용가능하다.

해먹

헤네시 익스페디션 클래식 해먹(Hennessy Expedition Classic

Hammock)은 방충망과 플라이를 포함하여 1.2kg 미만이다. 방충망과 방수, 방풍 기능이 있는 고어텍스 재질의 비비색은 600g 미만이다. 타프와 해먹 또는 타프와 비비색은 울트라라이트 바이크패킹을 위한 매우 이상적인 결합이다.

한여름에 나무 그늘에서 낮잠 자기엔 해먹보다 더 좋은 게 없다.

취침장비

매트리스

잠을 편히 자야 다음날이 편하다. 깊은 잠을 잘 자기 위한 키포인트

는 춥지 않고 바닥이 편안해야 한다. 매트리스는 땅바닥의 한기를 막아주는 단열 기능이 좋아야 하고 아울러 푹신한 촉감을 주어야 한다. 세계적인 전문 브랜드인 서마레스트의 '네오에어 시리즈'를 강추한다. R 값이 클수록 더욱 따뜻하다.

서마레스트 네오에어 XLite(R3.1) : 340g
서마레스트 네오에어 XTherm(R5.7) : 430g
서마레스트 네오에어 All Season(R4.9) : 680g

침낭

일반적으로 텐트보다 고가이며, 그만큼 좋은 제품은 평생 쓸 수도 있으며 고가일수록 부피와 무게가 작아지니 아낌없는 투자를 해야 하는 품목이다. 계절별로 서너 가지를 별도로 갖추어야 하며, 여행 목적

지에 따라 적합한 한 개만을 선택하는데, 일년 이상 여행하며 사계절을 모두 겪는 경우엔 춘추용을 챙겨가면 무난하나 위도나 고도가 높은 추운 지방이라면 동계용이 필수적이다.

헤드램프

야간에 늦은 식사를 하거나 자전거수리가 필요할 때 헤드램프는 양손을 모두 쓸 수 있어서 매우 편리하다. 저가 제품들은 경량 제품에 비해 서너 배 이상 무거운 것들도 있으니 구입시 헤드램프의 무게도 꼭 비교하도록 한다.

취사장비

스토브

알콜 스토브는 가장 작고 가볍지만 화력이 약한 편이고 낮엔 불꽃이 잘 보이지 않아 위험한 편이나 15g의 알콜로 50ml의 물을 10분 이내로 끓일 수 있으므로 하루 이틀 정도의 간편식엔 안성맞춤이다. 그러나 많은 양의 물을 끓이는 경우 가스 스토브가 적당하다. 가스 스토브는 가장 보편적으로 간편하게 사용되고 있지만 겨울철 추운 날씨에선 화력이 떨어진다. 스토브나 연료 없이 나뭇가지나 솔방울, 짐승 분뇨를 연료로 하는 부시크래프트도 시도해 보자. 이럴 때 파이어박스 나노 같은 간단한 접이식 화목 스토브도 매우 유용하다.

코베아 Camp3 티타늄 스토브 : 88g(가스통 제외)
코베아 Alpine Potwide : 587g(가스통 제외)
Firebox Nano : 170g

코펠, 컵, 수저 등

코펠 하나와 시에라 컵 하나로 냄비나 그릇 일체를 겸할 수 있다. 코펠을 뒤집어 도마로도 사용할 수 있으며 시에라컵은 물컵, 커피잔, 막걸리잔, 밥그릇, 국자 심지어 소형 삽으로까지 다용도로 사용할 수 있다. 숟가락, 젓가락, 포크를 각각 준비하지 말고 스푼과 포크 일체형인 스포크를 강추한다. 일반적으로 알루미늄 재질이 가성비가 좋으나 조금만 더 투자해서 티타늄 재질을 선택하면 부식 걱정 없이 훨씬 가볍고 튼튼한 내구성으로 평생 사용할 수 있다. 여기에 흔히 스위스칼로 알려진 빅토리녹스 나이프만 추가하면 더할 나위 없다.

AMG 티타늄 : amg-titanium.co.kr

세면도구

비누

세수, 머리감기, 목욕, 빨래까지 모두 겸할 수 있는 액체비누를 여행기간 동안 필요한 양만큼 작은 플라스틱통에 담아놓는다. 다량의 액체는 비행기 반입이 불가하므로 해외 도착 후 현지 구매하도록 한다.

극세사 타월

40 × 40cm 크기인 경우 무게가 겨우 20g 밖에 안되며 수분흡수력이 강할 뿐 아니라 매우 빨리 건조되어 더욱 편리하다.

IT 기기

스마트폰

요즘 스마트폰이야말로 단순한 전화기 이상으로써 미니멀리즘으로 가는 지름길이다. 내비게이션, 지도, 카메라, 나침반, 시계, MP3/동영상 플레이어, 문서/사진/동영상편집, 수첩, 신용카드, 교통카드, 바코드/QR 코드 리더, 플래시, 비상용 사이렌, 심지어 원격검진 등 수많은 기능을 제공해 주고 있으므로 웬만하면 노트북 PC와 카메라가 필요 없어졌다. 응용분야가 점점 많아지는 만큼 소비전력도 많아지므로 배터리 충전에 각별히 신경써야 한다.

● 접이식 태양광 충전기

USB 출력 DC 5V, 최대 2A, 2 포트, 500g 미만

● 대용량 보조배터리

20,000mAh 이상, USB 2 포트, 2A 이상, 400g 미만

의류

캐주얼

기후에 따라 무게는 얼마든지 달라진다. 라이딩용과 일상용을 겸한 기능성 캐주얼로 입느냐 또는 별도로 챙겨 입느냐는 개인의 취향과 개성에 따를 뿐 정답은 없다. 하이킹은 거의 없이 라이딩이 주라면 클릿 신발 하나로도 족하다. 장기여행이거나 하이킹이 주라면 캐주얼 신발 하나만으로도 족하나 취향에 따라 클릿 신발과 캐주얼화를 별도로 이용할 수도 있다. 땀을 많이 흘리는 여름철에는 매일 한 벌의 옷을 갈아입으며 가급적 매일 세탁하도록 한다.

라이딩용

우비야말로 무게를 줄일 수 있는 영순위 대상이다. 파타고니아 스톰 레이서 자켓은 일반 자켓 무게의 1/3 밖에 되지 않는 170g의 초경량이다. 보다 간편하고 가벼운 Rainlegs라는 제품은 허벅지를 무릎까지 가려줄 수 있다.

Rainlegs : citybike.co.kr

제18장 자전거와 타프의 아름다운 동거

미니멀리스트 자전거여행을 위한 바이크 비박에 필수적인 타프의 장점은 다음과 같다.

1. 자전거가 폴대 역할을 대신해 준다.
2. 텐트보다 무게와 부피가 훨씬 작다.
3. 타프 속에서 안전한 보관기능까지 이루어진다.
4. 설치와 철수에 걸리는 시간이 텐트보다 짧다.
5. 높이를 낮게 치면 초강풍에도 견딜 수 있다.
6. 스텔스 캠핑에 적합하다.
7. 통풍성이 뛰어나다.
8. 밤하늘의 은하수를 관찰할 수 있다.
9. 주변환경에 따라 다양한 모습의 변신이 가능하다.
10. 낮엔 햇빛 차단이나 방풍용으로도 쓰일 수 있다.
11. 해먹과 함께하면 더욱 간편하고 편안하다.

제19장 겨울철 자전거여행

겨울철 자전거여행을 위한 준비물

여름엔 여행객들로 복잡했던 도로가 겨울엔 매우 한가해지므로 12월부터 1월까지의 겨울철 여행은 진정한 여행가들을 위한 시즌이 아닐까 한다. 동계 자전거여행은 다소 황량하고 쓸쓸해 보이기도 하지만 아름다운 설경을 맛볼 수 있기도 하며,

무엇보다 겨울철엔 숙소나 야영장을 미리 예약해야 하는 걱정을 할 필요가 없어서 좋다. 또한 하루의 라이딩을 끝내고 마시는 따뜻한 차 한 잔이 예전보다 훨씬 더 맛있게 느껴질 것이며, 밤에 침낭 안으로 기어들어갈 때의 포근한 느낌은 여느 때보다 열정적인 감흥을 느낄 것이다.

그러나 그게 쉬운 일이라고 하는 이는 거의 없다. 왜냐하면 겨울철 자전거여행은 어느 정도의 준비를 필요로 하기 때문에 추운 날씨에 자전거로 여행할 때의 준비물의 차이점을 잘 이해해야 한다.

1. 겹쳐 입기

두터운 옷 한 벌을 입는 것보다 얇은 옷 여러 벌을 겹쳐입는 것이 체온 유지와 조절에 유리하다. 그 이유는 여러 겹의 옷 사이에 형성된 공기층이 단열효과를 만들어 주기 때문이다.

동계 라이딩에 있어서 면직물은 절대 금물이다. 면직물은 습기를 머금고, 늦게 마르고, 젖었을 때 단열기능이 거의 없기 때문이다.

맨 바깥에 걸치는 면직물은 건조하고 추운 날씨에선 방풍성이 매우

우수하다. 따라서 극지방에서 이용되고 있는 전통적인 방한 파카는 경량 면직물로 만들어진다.

2. 밝고 눈에 잘 띄는 자전거와 의류

겨울의 일조시간은 짧다. 때로는 해가 완전히 뜨기 전에 출발해서 어두워질 때까지도 타게 되기도 한다. 따라서 자전거의 전조등과 후미등이 충분히 밝아야 하며, 노랑색이나 형광색처럼 눈에 잘 띄는 조끼가 필수적이다. 자전거 타이어에 반사띠가 있으면 야간 라이딩시 더욱 안전하다.

3. 장갑과 모자

겨울여행을 어렵게 만드는 한 가지는 바로 몸을 채찍질하듯이 차갑

게 만드는 바람으로 손과 머리를 뼛속까지 춥게 만들지만 모자와 장갑이 해결해 준다. 모자는 귀까지 덮는 것이라야 한다.

  그렇지 않으면 긴 다운힐시 귀가 시리도록 차가워지는 아픔을 겪게 된다. 위의 사진처럼 바라클라바 하나로 여러 상황에 맞춰 착용할 수 있어서 더욱 좋다.

  비싼 가격의 장갑일수록 더욱 따뜻하긴 하지만 텐트를 치든가 패니어 깊은 속에서 뭔가를 꺼낼 때의 섬세한 작업을 위해선 얇은 장갑도 필요하다. 두터운 장갑 속에 얇은 장갑을 이중으로 낄 수 있으면 이상적이다.

4. 따뜻한 침낭과 매트리스를 갖추라

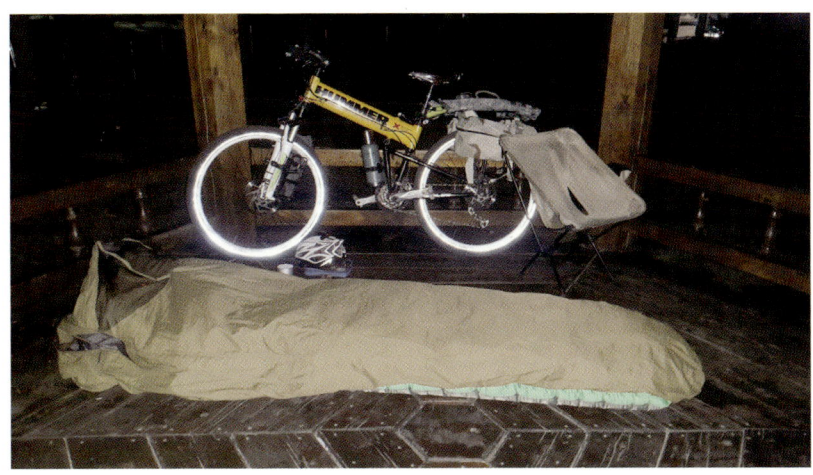

　추운 날씨로 텐트 속에서 떨며 지내는 것보다 더 나쁜 것은 없을 것이다. 겨울밤을 영하의 추위와 함께 지낸다는 건 끔찍하고 위험한 일이다. 목적지의 예상 기온에 적합한 침낭을 선택한다. 이미 춘추용 침낭을 샀다면 굳이 새로 사지 않아도 된다. 침낭을 산 곳에서 약간의 추가비용을 들이면 오리털을 추가로 더 넣음으로써 해결할 수도 있다.

　침낭용 매트리스도 마찬가지다. 지역의 기후상태에 따라 3~4계절용 매트리스를 선택할 수 있다. 매트리스의 단열 기능을 올리고 싶다면 몇 천원 정도의 얇고 튼튼한 폼의 매트리스를 사서 기존 매트 밑에 깔아주면 좋다.
　보다 추가적인 단열을 위한 또다른 방법은 자동차 앞유리창의 햇볕을 가려주는 반사판을 매트리스 크기에 맞게 잘라 깔아주면 적은 돈으로 몇 도 정도의 더 따뜻한 온도를 얻을 수 있게 된다. 또한 긴 내의를 준비하면 보다 따뜻한 잠을 청할 수 있을 것이다.

5. 광폭 타이어 & 스노우 타이어

얼음과 눈은 도로를 미끄럽게 만든다. 겨울철의 비는 밤새 얼어버려서 다음날 아침 유리처럼 미끄럽게 만들곤 한다. 들판과 오솔길은 겨울철에 또한 진흙탕이 되기도 한다.
  이 점이 바로 광폭의 깍두기 타이어가 필요한 이유이다.
  눈이나 얼음이 꽁꽁 얼어붙은 심각한 도로환경이라면 슈발베에서 출시된 Ice Spiker 타이어가 매우 유용하다.

임시방편으로 굵은 케이블타이나 체인을 타이어에 묶어서 스노우

타이어를 대체할 수도 있다.

6. 보온병을 준비하라

겨울철 라이딩에 있어서 어려운 점은 라이딩이 아니라 멈췄을 때이다. 자전거 안장으로부터 내려오는 순간 우리의 몸은 곧바로 체온이 내려가기 시작한다. 꽁꽁 얼어서 무감각해진 손가락을 뜨거운 난로에 몸을 녹이고 싶어

지고, 따뜻한 음식이 먹고 싶어진다. 이럴 때 뜨거운 차나 커피가 가득 담긴 보온병 이상 좋은 게 없다. 아침에 넣은 뜨거운 차나 커피는

늦은 오후까지도 충분히 뜨겁다. 야영 준비를 모두 마치고 느긋하게 한 잔 마실 땐 황홀한 느낌까지 든다.

저녁식사를 준비할 때 넉넉하게 물을 끓여서 보온병에 다시 채워넣어서 침낭 안에 넣고 자면 다음날 아침에 일어나자마자 차가운 텐트 밖에 나가 커피 마실 물을 끓일 번거로움이 없어진다.

7. 날씨를 확인하라

여름철이라면 비나 땀에 젖어도 별로 개의치 않게 되지만 겨울철에 건조하기란 거의 불가능에 가깝다. 눈보라가 닥쳐온다면 말할 것도 없거니와 악천후가 예상되면 출발을 하루 이틀 연기해야 한다.

8. 간식을 위한 추가 경비

겨울철의 자전거타기는 더 많은 칼로리를 태우게 된다. 신체를 따뜻하게 유지하기 위해 많은 에너지를 필요로 하기에 보온병과 동계용 침낭 등의 추가 장비들을 준비해야 하며, 다른 계절보다 많은 경비 지출을 하게 된다. 즉, 추운 몸을 녹이려고 따뜻한 카페에서 뜨거운 코코아를 마시기도 하고, 허기진 배를 달래려고 수퍼마켓에서 큼직한 초콜릿을 먹어야 하기 때문이다.

9. 리튬이온 배터리로 선택하라

영하의 날씨에서 카메라가 작동이 안된 경험이 있을 것이다. 이때 카메라의 배터리를 체온으로 녹여주면 곧바로 작동하곤 한다.

요즈음 전조등이나 스마트폰에서 충전용으로 사용되고 있는 리튬이온 배터리는 건전지로 쓰이고 있는 알카라인 배터리보다 추위의 영향을 덜 받는다.

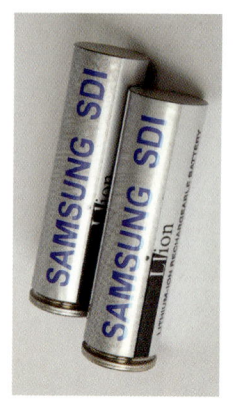 

10. 비상용 알루미늄은박코팅 비비색을 준비하라

주먹 크기의 초소형 초경량 비상용 알루미늄은박코팅 비비색은 지면으로부터 습기를 차단할 뿐만 아니라 체온으로부터의 적외선을 다시 안쪽으로 반사시키는 단열기능이 있어서, 추위로부터 온몸을 감싸주면 체온이 바깥으로 빠져나가는 걸 막아준다.

제20장 스페어 부품이 없을 때 응급처치

도심에서 멀리 떨어진 외딴 곳에서 자전거가 고장났는데 마땅한 스페어 부품 조차 없는 경우 약간의 준비와 요령으로 응급처치를 하면 당장의 긴급한 문제들을 해결할 수 있다.

해결의 키포인트는 바로 사전준비에 있다. 펌프, 멀티툴 및 스페어 부품 외에도 아래와 같이 최소한의 서바이벌 키트를 휴대한다.

■ 자전거 응급처치 서바이벌 키트

- 케이블 타이 : 10cm, 20cm 길이 각 2개
- 청테이프 : 길이 20cm를 안 쓰는 신용카드 위에 감는다.
- 절연테이프 : 길이 20cm를 500원 짜리 동전 위에 감는다.
  (동전은 비상시 공중전화용)
- 체인 링크 : 자신의 체인에 맞는 규격으로 2개
- 페이퍼 클립 : 2개
- 옷핀 : 2개
- 동전 : 500원(비상시 공중전화 통화 겸용) 각 1개
- 샌드페이퍼 : 명함 사이즈 사포 2장
- 육각볼트 : 자신의 자전거에 맞는 규격의 스페어로 각 2개씩

• 파라코드 : 스프라켓 세척용 40cm 1개

■ 서바이벌 키트 추가 품목

• 물통 케이지 고정용 짧은 길이의 볼트 2개를 3~4cm 길이의 긴 볼트로 미리 교체해 놓는다 비상시 빼내서 싯포스트나 클램프용 볼트로 대체할 수 있다.

• 자신의 휠 규격에 맞는 스페어 스포크와 니플 3개를 절연테이프로 감아서 묶어준다.

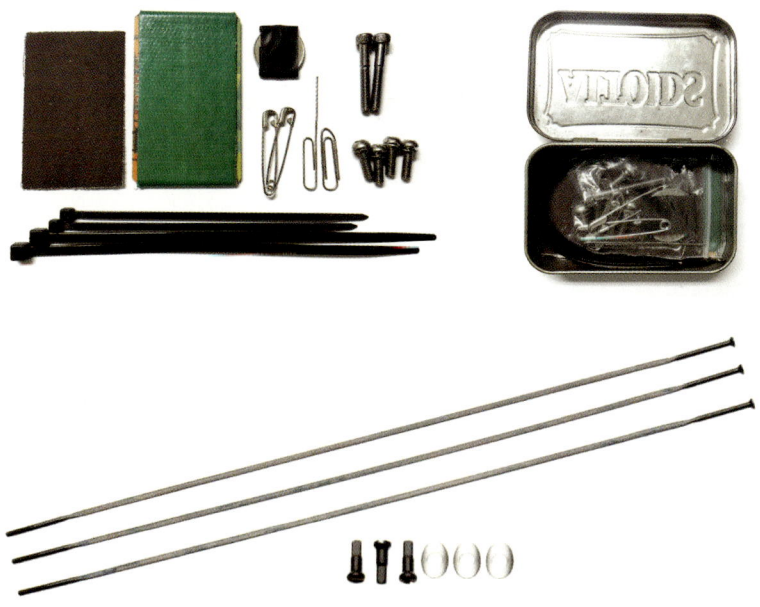

위의 서바이벌 키트를 사용하여 일반적인 문제를 해결하는 방법은 다음과 같다.

■ 뒷변속기가 느슨해진 경우

뒷변속기가 풀려져서 느슨해지거나 축이 빠진 경우 페이퍼 클립이나 피복을 벗긴 1mm 정도 굵기의 전선을 끼워서 해결할 수 있다.

■ 싯포스트 클램프 볼트가 부러진 경우

클램프 볼트가 부러졌을 때 케이블 타이를 사용하여 싯포스트에 안장을 다시 부착하되 완벽하게 튼튼하진 않으므로 조심스럽게 앉아 큰 진동이나 충격이 없도록 조심해서 천천히 간다.

■ 타이어가 심하게 찢어진 경우

찢어진 부위의 안쪽에 청테이프를 단단히 눌러서 붙여주어 그 부위가 더 이상 벌어지거나 찢어지지 않도록 한다. 청테이프나 덕트테이프가 없는 경우 샌드페이퍼나 종이화폐를 끼워넣을 수도 있다. 종이화폐는 고액권일수록 내구성이 좋다.

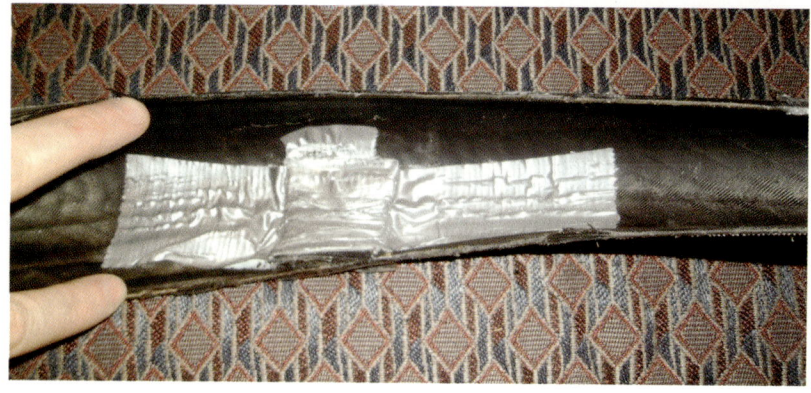

■ 스페어 튜브가 없는 경우

펑크난 부위를 잘라서 양쪽끝을 단단히 묶어준 후 공기를 팽팽하게 넣어주면 임시변통할 수 있다. 큰 충격이 가해지지 않도록 조심해서 천천히 간다.

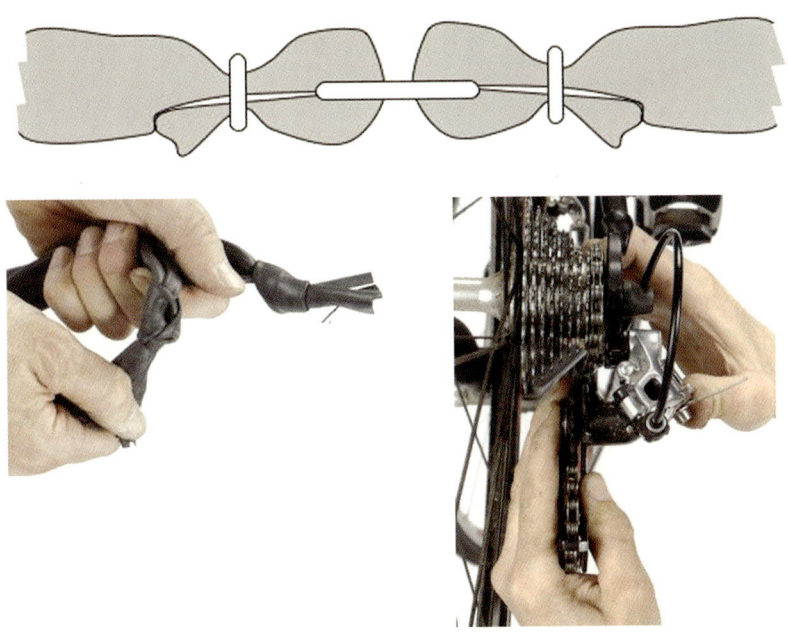

■ 뒷변속기나 기어 행어가 휘어진 경우

휘어진 뒷변속기를 가장 작은 톱니바퀴와 큰 링에 넣은 다음 조심스럽게 천천히 변속기를 뒤로 당긴다. 뒷변속기의 케이지는 가장 작은 스프라켓과 평행이 되어야 하며 지면과 수직이 되는지 확인한다.

뒷변속기가 더 이상 조정되지 않아 스포크에 걸릴 수 있으므로 응급 조치 후 주행하는 동안 최저단 기어를 선택할 때 주의한다.

■ 뒷변속기나 기어 행어가 부러진 경우

뒷변속기나 기어 행어를 고치지 못할 정도로 손상된 경우엔 아예 빼버리고 체인 링크를 사용하여 옆의 사진과 같이 원래의 체인 길이를 대폭 줄여준다. 체인 브레이커가 포함된 멀티툴을 사용하면 훨씬 쉬워진다. 체인이 밑으로 처지게 되면 이상적인 체인 장력을 얻을 수 없으므로 가능한 한 직선으로 팽팽하게 연결하도록 한다.

■ 볼트가 빠져버린 경우

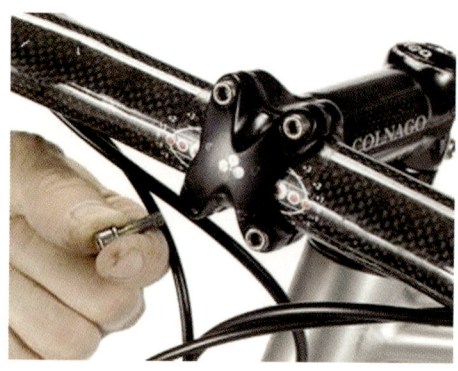

스템 볼트가 빠진 경우 물통 케이지 볼트를 빼서 대체한다.

■ 레버 없이 타이어 분리하기

타이어 레버를 분실하거나 사용중 무리한 힘으로 인하여 부러지거나 출발시 챙길 때 실수로 누락하기도 하지만 어떤 이들은 레버 사용이 타이어와 튜브에 손상을 줄 수도 있다며 굳이 손으로만 해결하기도 한다.

타이어의 비드가 너무 좁거나 비드 내부가 철심인 새 제품인 경우는 너무 뻣뻣하기 때문에 맨손으로는 어렵다면 레버 대신에 휠에 꽂혀 있는 QR이나 스크류 드라이버로 대체할 수 있다. 그러나 자칫하면 드라이버의 뾰족한 부분이 타이어와 튜브에 손상을 주기 십상이므로 매우 조심해야 한다. 오래 사용해서 철심 비드가 부드러워졌거나 비드 내부 소재가 케블러라면 레버 없이도 분리나 장착이 어렵지 않다.

튜브 안의 공기를 완전히 제거될 때까지 밸브 코어를 눌러주고 엄지 손가락으로 타이어 비드를 눌러서 림의 턱으로부터 분리한다.

분리된 비드를 엄지로 당기거나 눌러서 림 중앙에 위치시키고 공기

주입구와 떨어진 지점의 타이어를 튜브와 함께 힘을 주어 분리한다.
타이어 비드와 최대한 가까운 지점에 힘을 가하여 젖혀주는 것이 요령이며, 공기주입구가 림 구멍에 꺾이지 않도록 조심히 분리한다.

■ 레버 없이 타이어 장착하기

일단 튜브 공기주입구쪽부터 끼우기 시작한다.
비드를 미리 림 중앙으로 몰아놓으면 저항하는 면이 줄어들어서 좀 더 쉽게 끼울 수 있는데 튜브가 타이어와 림 사이에서 꼬이거나 타이어 비드에 씹히지 않도록 조심하면서 밀어넣는다.
공기주입구쪽으로부터 시작하여 타이어 비드를 림 중앙으로 쭈욱 집어넣다가 저항면이 조금 남았으면 비드를 림 중앙으로 밀어주는 작업을 몇 번 더 반복한다.
마지막으로 혹시 튜브가 삐져나온 부분은 없는지 양쪽면을 찬찬히 살펴본다.

■ 기어 케이블 수리

기어 케이블은 간혹 찢어질 수 있다, 대부분의 마찰이 발생하는 레버 자체 또는 헤드 튜브 근처에서 뒷부분일 가능성이 가장 크다.

앞변속기 케이블을 제거하고 오른쪽 레버를 조심스럽게 끼워 넣는다(꼬임이 풀리는 것을 막기 위해 권선 방향으로 돌린다). 뒷변속기에 연결된 케이블에 정사각형 매듭을 사용하여 내려 놓는다. 아래쪽 튜브를 따라 중간 정도이다.

매듭을 묶기 전에 큰 기어에 변속기를 밀어넣으라. 멀티툴을 사용하면 평소와 같이 느슨해질 수 있다.

모든 케이블 옵션이 사라지면 특정 기어에 변속기를 고정시킬 수 있다. 평행사변형의 나뭇가지나 잔해를 원하는 기어에 넣은 후에 걸릴 수 있다.

제21장 자전거 도난방지 십계명

1. 견물생심을 자극시키지 않는다.

장기 주차시, 스페어 튜브로 칭칭 감아 고급 브랜드의 상표를 가려서 견물생심을 사전에 예방한다. 심지어 스프레이로 지저분하게 칠해서 싸구려 자전거로 보이도록 둔갑하는 이들도 있다.

2. 외부 주차시 내 시야 안에 주차한다.

음식점이나 매점 등에 들어갈 때 가급적 안에 주차해 주도록 주인이나 종업원한테 간절히 부탁하고 만약 실내 주차가 불가하다면 유리창이나 유리문을 통해 비쳐보이는 곳에 주차한다.

3. 의심스러운 곳에선 앞뒷바퀴까지 함께 묶어준다.

프레임만 묶지 말고 앞뒷바퀴까지 함께 엮어서 묶어주는 것이 가장 확실하다.

4. 실내로 갖고 들어간다.

음식점이나 매점 안에 가급적 갖고 들어간다. 숙소에 체크인하기 전에 내 방 또는 다른 안전한 곳에라도 주차가 가능한지 확인한다. 도난이 우려되는 노천 주차장에는 절대로 주차하지 않는다. 더구나 비를 맞게 되면 스프라켓이나 체인이 녹슬게 된다.

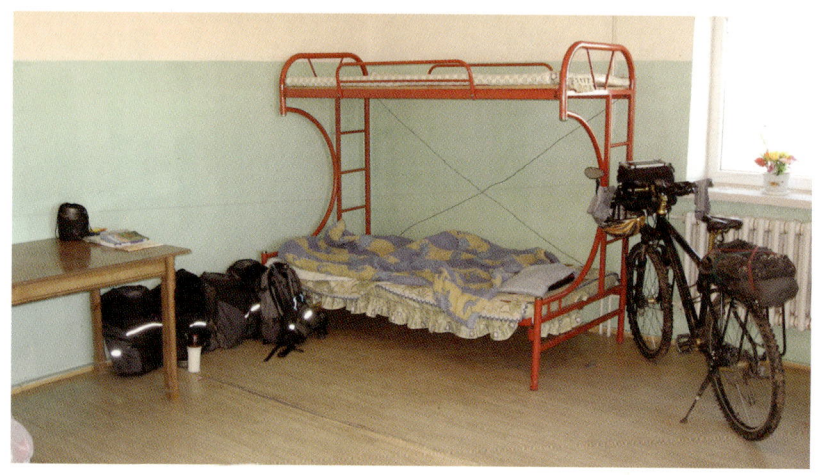

5. 국내여행시 사우나에선 보일러실 주차를 부탁한다.

어떤 곳에선 심지어 밀린 빨래까지 뽀송뽀송하게 무료로 세탁해 준 적이 있었다.

6. 주차시 고가의 악세서리는 분리한다.

핸들바에 장착되었던 GPS나 핸드폰 등은 필히 분리하여 보관한다. 지갑은 절대로 자전거에 두지 않는다.

7. 캠핑시 텐트나 타프 안에 보관한다.

텐트 실내가 협소해서 내부 보관이 불가능한 부득이한 경우 텐트플라이에 기대어 폴대에 묶어주고 동시에 땅에 깊숙이 박은 펙에도 한 번 더 묶어준다. 안장이 이너 텐트에 닿도록 기대놓으면 취침 중 확인이 쉽다.

8. 고속버스나 기차, 선박에 적재시 자물쇠로 잠근다.
중간 정차시 다른 승객들이 슬쩍 빼내갈 수도 있다.

9. 시야 밖에 주차한 경우 수시로 확인한다.
제아무리 굵은 자물쇠라도 유압 커터로는 순식간에 잘림을 명심하라.

2006년도 유라시아횡단 여행시 시베리아를 거의 횡단한 알타이 지방의 깡촌에서 야영 중 텐트 바로 옆에 묶지 않고 세워 놓은 자전거와 짐을 몽땅 도난 당한 적이 있었다. 훔쳐간 이를 탓하기 이전에 농촌이라고 너무 방심했던 나 자신에 근본 원인이 있었다. 언제 어디서든지 절대로 방심하거나 한눈 팔아서는 안된다.

10. 주차시 페달을 빼놓는다.

일본 MKS사의 페달은 아무런 공구 없이도 맨손으로 간단히 3초 이내에 빼거나 끼울 수 있다. 주차시 페달을 빼놓으면 도둑이 훔쳤더라도 타고서 달려갈 순 없다.

Part III 여행 일반

길을 가다가 길을 묻는 사람아
무엇이 남아 길을 묻느냐
가진 것도 갖지 못한 것도 버리고 떠나라

이제는 내가 길이 되어 떠나라

— 김형영

제22장 스텔스 캠핑

　스텔스 캠핑(Stealth Camping)이란 공적 또는 사적인 공간에서 합법적이든 불법적이든 남모르게 캠핑하고 다음날 아침에 들키지 않게 떠나는 것을 뜻한다. 또한 무료 캠핑의 적합한 장소를 찾기 위한 뛰어난 방법일 뿐만 아니라 우수한 야영지를 발견하여 조용한 장소에서 쾌적한 휴식을 갖고자 사람들로부터 간섭없는 편안한 잠자리를 확보하고자 하는 것이다. 뉘앙스가 좀 다르긴 하지만 와일드 캠핑이라고도 불린다.

1. 주변과 비슷한 갈색, 진녹색, 흙색 등의 위장색 텐트를 사용하라

적합한 위장색의 사용은 스텔스 캠핑의 기본이다.

2. 도로나 통로로부터 벗어나 가급적 윗쪽에서 야영하라

사람들의 시선은 통상적으로 윗쪽보다는 아랫쪽을 바라보는 경향이 있으며 또한 위로 올라가기는 어려운 편이므로 윗쪽에서 야영을 한다면 사람들이 다가오기가 그만큼 어려워진다. 게다가 윗쪽에 위치해 있으면 아랫쪽으로부터 다가오는 사람들을 관찰하기가 용이해진다.

3. 지나간 자취를 감춰라

자신의 야영지로 사람들을 끌어들일 만한 발자욱이나 자전거 바퀴

자국이 보이지 않도록 덮거나 숨겨라. 지나가다가 부러뜨린 나뭇가지조차도 자신의 위치를 노출시키는 원인을 제공할 수 있음을 명심하라.

4. 꼭 필요한 경우가 아니면 불을 피우지 마라

야영시의 연기나 불빛은 사람들로부터 시각적, 후각적 주의를 끌게 한다. 어쩔 수 없이 불을 피워야 한다면 불빛이나 연기가 거의 노출되지 않는 불피우기로써 다코다 파이어 홀을 강추한다.

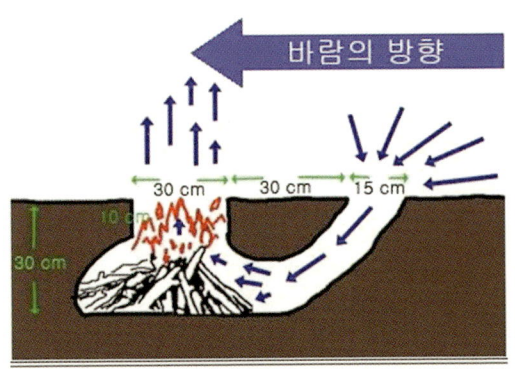

다코다 불구덩이 작동 그림

이 그림은 다코다 불구덩이가 어떻게 동작하는 지 보여준다. 뜨거운 공기가 불구멍을 통하여 위로 올라가면 오른쪽의 공기구멍을 통하여 신선한 공기를 빨아들이게 된다.
이는 연소를 위한 신선한 산소를 충분히 공급하게 해준다.
불이 뜨거워질수록 더 많은 공기가 우측의 구멍을 통하여 들어오게 되어, 불은 더욱 뜨거워진다.

다코다 불구덩이의 장점
- 화력이 더 강해진다.
- 연료가 절약된다.
- 거의 완전연소되어 연기가 덜 난다.
- 불빛을 숨길 수 있다.
- 불구덩이 속에서 골고루 열을 가할 수 있다.
- 불을 재빨리 완벽하게 끌 수 있다.
- 불구덩이 자취를 숨기기 쉽다.

5. 야생동물들의 자취가 있는지 살펴보라

들개, 늑대, 너구리, 멧돼지, 곰 등 야생동물의 통로나 잠자리를 피하라.

6. 계곡이나 개천, 강, 운하로부터 충분히 떨어진 윗쪽에서 야영하라

밤새 홍수가 덮치거나 흘러내려오는 나무토막에 깔릴 수 있다.

7. 진흙길은 밤새 폭우가 쏟아지면서 오물로 덮혀질 수 있다.

다음날 아침의 출구 전략을 세워라

8. 소리내지 말고 조용히 머물라

소리를 냄으로써 자신의 위치를 노출시키지 말라.

9. 개들로부터 쉽게 발견될 만한 장소의 야영을 피하라

주인과 함께 다니는 개들은 야영하는 위치를 주인에게 쉽사리 알려 줄 수 있다.

10. 야영을 빨리 준비하고 빨리 철수하는 방법을 익혀라

어둠 속에서도 신속하게 할 수 있는 스피드는 빼놓을 수 없는 최선의 방책 중 하나다.

11. 조난시 자기 자신이 바로 구조의 근본임을 명심하라

자신의 위치가 어디인지, 부상 당했는지 또는 어떤 장애에 부딪혀 있는지 아무 것도 모르고 있다면 큰 문제이다. 이런 상황으로부터 빠져나갈 수 있게 할 수 있는 사람은 바로 자기 자신 뿐이다. 이는 스텔스 캠핑에서 가장 중요한 요소 중 하나다.

12. 법규를 파악하라

스텔스 캠핑에 대한 규정은 나라와 지역에 따라 천차만별이다. 어떤 나라나 어떤 지역에서는 까다롭지 않게 용인되고 있지만, 다른 나라나 다른 지역에서는 전혀 불법일 수도 있음을 명심하라. 약탈이나 강도 또는 구속이나 투옥되는 것을 피하기 위하여 스텔스 캠핑을 하기 전에 법적 문제가 없는지 충분히 확인하라.

13. 야영지를 발견하고 설치하는 최적의 시기는 일몰 직전이다

해지기 직전에 너무 일찍 야영을 한다면, 사람들의 눈에 발견될 수 있다. 반대로 해가 지고 나서 너무 늦게 야영을 한다면, 어둠 속에서 텐트 치기가 어려워진다.

14. 어둠 속에서 텐트를 치지 말라

어둠 속에서는 야영지를 선정하기가 어려울 뿐만 아니라 플래시나 헤드램프의 불빛으로 인하여 사람들에게 자신의 위치를 노출시킬 수 있다.

15. 야영지 철수를 일찍 하라

사람들이 기상하거나 왕래하기 전에 일찍감치 일어나서 장비들을 챙기고 길을 떠나라.

16. 야영지를 떠날 땐 야영하기 전과 다름 없도록 아무런 흔적도 남기지 말라

쓰레기를 챙기고 머물렀던 흔적이 전혀 보이지 않도록 처리하라. 이는 다음에 다시 올 자신이나 다른 스텔스 캠퍼 모두를 위하는 당연한 에티켓이다.

17. 야영지에 다다르기가 어려울수록, 다른 사람들의 눈에 띄기도 그만큼 어려워진다

사람들은 찾기 어려운 장소는 대체적으로 귀차니즘으로 곧잘 포기하고 만다.

18. 큰 울타리나 대문 안에서 야영하지 말라

울타리나 문이 설사 열려져 있더라도 아침엔 닫혀져 있을 수 있다. 울타리나 문 안에 갇혀지게 되면 탈출할 방법이 없어진다. 또한 야생동물이 울타리 안으로 침입하게 되는 경우도 있음을 명심하라.

19. 다치거나 아프거나 하는 경우 구조 신호를 보낼 수 있는 준비가 되어 있어야 한다

플래시라이트, 거울, 호루라기, 핸드폰 또는 위성전화기의 휴대는 비상시 큰 도움이 된다.

20. 최적의 스텔스 캠핑 장소는 경치 좋은 곳과는 무관하다

적합지란 눈에 띄지 않게 주변과 조화를 이루어야 하는 것이다.

21. 야간엔 꼭 필요하지 않으면 불빛을 이용하지 말라.

불빛은 시선을 끌게 되고 때로는 수 킬로 떨어진 먼 곳에서도 인식될 수 있다. 부득이 불빛이 필요하다면, 불꽃놀이처럼 아주 짧은 시간에 살짝 켰다 재빨리 끄도록 한다.

22. 때로는 최상의 은신처는 아예 열려져 드러난 곳이다

사람들은 허가 받고 야영하는 줄로 착각하며 그냥 지나칠 것이다.

23. 절대로 들키지 않도록 하라

만약 들키면 벙어리 흉내를 내든가, 외국어를 모르는 척 하든가, 떠나달라고 부탁하라. 스텔스 캠핑으로 들킬까봐 너무 고민할 필요는 없다. 짐을 싸고 야영지를 철수해서 이동한 후, 밤을 지낼 수 있는 다른 곳을 찾으면 그만이다.

24. 야영하는 장소를 바꿔보라

처음에 선택했던 야영 장소가 안전하지 못하거나 사람들에게 발견되기 쉽다면 말이다.

25. 비상시 신속한 탈출의 필요가 예상된다면, 텐트를 치지 말라

매트리스 위에서 별을 바라보며 침낭 없이 그냥 눕든가 또는 비비색 이용을 고려해 보라.

26. 다음날 아침 사람들의 왕래가 많아질 수 있는 지역에서는 야영하지 말라

시장처럼, 저녁에 비어 있는 장소라고 해서 다음날 아침에도 비어 있으리라는 법은 없다.

27. 야영하는 인원이 많아질수록 발견될 확률도 높아진다

단체는 공간도 더 차지하고 소리도 커지므로 사람들의 주목을 받기가 그만큼 쉬워진다.

28. '사유재산' 또는 '통행금지' 라고 쓰여진 곳에서는 야영하지 말라

거기 있을 수 있는 허가를 받아야 할지 몰랐다는 사죄의 말을 할 필요가 없을 뿐만 아니라 우리와 같은 스텔스 캠퍼들을 망루에서 관찰하고 있는 경우가 많다.

29. 사람들로부터 잘 보이지 않도록 은폐, 엄폐를 잘 활용하라

쉽게 눈에 띄지 않는 나무나 덤불 밑의 그늘지고 어두운 공간에 숨어라.

30. 아이들이 놀만한 장소를 피하라.

아이들은 작은 공간으로 올라가서 나무 속이나 나무 밑에 그들만의 요새를 만들기를 즐긴다. 만약 자신을 발견하게 되면 집으로 달려가 부모한테 놀이터에 낯선 사람이 있다고 곧바로 일러바칠 것이다.

31. 때로는 어디서 야영할 수 있는지 대놓고 물어보라

밤중에 야영할 수 있는 적합한 장소가 어디인지 현지인이나 토지 주인들에게 심지어 경찰에게조차 물어보는 걸 두려워하지 말라.

32. 홍수가 날 만한 곳이나 물이 고일 만한 곳에선 야영하지 말라

가뭄으로 마른 강바닥이거나 빈 수영장이거나 배수로 같은 곳일 수 있다.

33. 의심받지 않도록 하라. 자신이 야영지로 들어가거나 나오는 걸 보이지 않도록 하라

만약 누군가가 보았다면, 야영지로부터 떠나가는 것처럼 보임으로써 사람들의 의심을 피하라.

34. 주변의 자연색상과 섞여지는 유사한 색상의 옷을 입어라

가급적 스텔스 캠핑을 하기 이전에 미리 적합한 위장색의 옷으로 갈아입어라.

35. 모든 반사판, 흰색, 텐트, 자전거, 배낭과 장비들로부터의 반사판들을 안으로 옮겨라

자동차의 전조등이나 주변 마을로부터의 빛에 반사되지 않도록.

36. 지뢰, 동물덫, 유사(流沙) 및 보이지 않는 위험요소들을 주의하라

지구상 어딘가엔 이런 것들이 여전히 존재하고 있다.

37. 사냥꾼들을 경계하라

사냥 시즌이 언제인지 인지하고 자신이 사슴, 곰 등의 사냥감으로 오인될 만한 지역으로부터 벗어나라.

38. 주변에 CCTV가 있는지 살펴보라

야영지로 들어가거나 나가고 있는 자신의 모습이 CCTV에 찍히게 되면 꼼짝없이 심각한 문제가 발생될 수 있다.

39. GPS 보물찾기 지역으로 알려진 지역은 피하라

많은 스텔스 캠핑 장소들이 GPS 보물찾기 지역과 지리적으로 종종 겹치고 있다.

40. 어둠의 공포를 극복하라

스텔스 캠핑을 무서워할 필요가 없다. 밤에 출몰하는 야생동물이나 귀신, 도깨비들을 무서워하는 것은 스텔스 캠핑의 경험 부족으로 인한 우려일 뿐이다.

41. 스텔스 캠핑의 경험이 쌓일수록 점차 쉬워지게 된다

매일 밤 잠 잘 곳을 찾는 경험이 쌓이면서 여유로움을 즐길 수 있게 되어 스텔스 캠핑이 점차 쉬워진다.

42. 짐승 똥이 많이 쌓인 곳을 피하라

이런 지역엔 양, 염소 같은 가축이 자주 출몰하는 곳이므로 피한다. 가축들이 야영지로 침입하여 텐트를 더럽히거나 망가뜨릴 수 있기 때문이다.

43. 일반적인 야영규칙은 다름없이 적용된다

바람 속에서의 야영은 피하라. 한밤중에 자신에게로 뭔가 떨어질만한 곳에선 야영하지 마라. 평평한 바닥에서 자라. 야생동물이 있는 곳에서는 음식을 가급적 높은 나뭇가지 위에 걸어 놓아라.

44. 텐트를 조급하게 곧바로 치지 말라

적당하다고 판단되는 장소를 찾은 후 잠시 멈추고 주변을 살펴 보라. 위치가 과연 적당한지, 지나간 사람의 흔적이 없는지 정찰하라. 부근에 동물이나 다른 캠퍼가 있는지 주목해 보라. 풍향과 풍속을 확인하라. 이 모든 것에 문제가 없는 적당한 장소인지 최종 확인이 된 후, 텐트를 쳐라.

45. 비상시 출구를 확인하라

야영지로부터 도로나 오솔길로 탈출하는 길을 깜깜한 밤중에도 제대로 찾을 수 있을지 확인하라. 아침에 일어났을 때 온세상이 눈으로 덮여 있는 경우, 나가는 길을 찾기가 난감해지는 경우가 종종 있다. 필요하다면 나침반이나 GPS를 이용하여 정확한 방향을 찾도록 하라.

46. 한 장소에서 이틀씩 머무르지 말고 이동하라

한 장소에 오래 머무를수록 사람들의 눈에 띌 확률이 높아지거나 그 지역의 사람들이 장기 야영을 싫어할 수 있다.

47. 자신이 사람들한테 발견되더라도 그들이 자신의 야영에 무관심하다면, 그냥 야영하라

숲속이나 황폐한 해변, 오지 같은 곳에서의 야영을 어려워 할 필요는 없다. 통상적으로 방치된 건축물은 피하되 오히려 사람들이나 아이들이 있는 민가나 상업용, 공공용 장소 뒷편에서 야영이 가능한 경우도 있다.

48. 죄의식을 느낄 필요는 없다

스텔스 캠핑은 일반적으로 불법적이지 않다. 떳떳하라.
스텔스 캠핑이란 대부분 개발되지 않고 울타리가 없는 지역의 자연 속에서 고요한 밤과 함께 잠자리를 청하는 야영을 의미한다. 남에게 해를 주거나 불편을 끼치지 않는 한, 인도에 어긋나는 범죄를 저지른다고 느낄 필요는 없다.

49. 즐거움을 누려라

야영을 하는 모든 이유는 재미를 갖고, 야외 생활을 즐기고, 멋진 밤의 휴식을 갖기 위한 것임을 상기하라. 만약 재미도 없이 그저 혼자만 즐긴다면, 뭔가가 잘못되고 있는 것이다. 스텔스 캠퍼끼리 즐거움을 공유하는 기쁨을 누려 보라.

제23장 해외여행비 최소화 전략

해외 자전거여행을 보다 저렴하게 하는 방법은 자전거여행 뿐만 아니라 배낭여행에서도 동일하게 적용된다. 저렴한 해외여행이란 1년간의 여비가 무일푼에서 최대 2000만원 이하의 범위를 의미한다. 돈을 넉넉히 쓸 수 있다면야 물론 걱정이 없겠지만, 저렴하게 여행하면서도 어느 정도는 편안한 여행을 할 수 있는 방법은 무엇일까. 무엇보다 가장 중요한 점은 건강하고 안전하게 여행하는 것이다.

1. 숙박

무엇보다 숙박비에서 절약을 최대로 이끌어 낼 수 있다. 특히 서유럽에서는 가장 저렴한 게스트하우스나 호스텔에서조차 일박에 적어

도 20유로 이상을 호가하고 있지만, 잠만 자겠다면 그렇게 낭비할 필요가 전혀 없으리라.

사람들을 만나는 데 관심이 있다면 카우치 서핑(잠자리 제공)이나 웜샤워(온수샤워)를, 자연 속에서 단지 잠만 자려면 그냥 야영하는 것을 선택하게 될텐데 전혀 낯선 사람을 자기 집에 초대해 주는 자원봉사자들을 만나는 것은 매우 경이롭고 새로운 문화를 경험할 기회를 제공해 준다. 카우치 서핑이나 웜샤워는 현지인들을 만날 수 있는 가장 훌륭한 수단으로 지역사회에서의 활동이나 새로운 친구를 사귈 수 있는 기회가 주어지므로 다양한 연령층의 열린 사고의 사람들로부터 환영받을 수 있다. 한편 일부 국가에서는 아무데서나 야영할 수 없으므로 인터넷에서 캠핑장을 검색하여 찾아가야 한다.

■ 스텔스(Stealth) 캠핑

스텔스 캠핑(와일드 캠핑 또는 프리 캠핑)의 가장 중요한 것은 숲속이든 어디든 편안한 수면을 취할 수 있다는 자신감과 배짱이다. 와일드 캠핑은 역시 색다른 많은 즐거움을 가져다주며 자연에 보다 가까이 다가가는 커다란 해방감을 가져다준다.

• 어디서?

근본적으로 스텔스 캠핑은 어디서든지 가능하다. 마을의 큰 광장,

도심의 공원, 넓은 고속도로 밑, 비어 있는 빌딩, 숲속, 헛간, 차고, 뒷마당, 농경지, 해변, 교회, 수도원, 폐쇄된 캠핑장, 둑, 버스 정류장, 수퍼마켓 뒤편, 공장 지대, 학교, 주차된 트럭 등 어디서든지 캠핑할 수 있겠지만, 그 중에서도 자연 속 평온한 공간이 가장 이상적이다. 왜냐하면 자연 속이 밤을 보내기엔 최적의 장소이기 때문이다.

온갖 식물과 물이 흐르고 있는 지도 상의 녹색 지대를 살펴보라. 녹색지대를 찾기엔 인터넷을 통한 구글 위성사진이 편리하다. 도로로부터 약 100m 정도 떨어져 있는 녹색 지대로 자전거를 타고 들어가서 텐트를 친다. 어디로 가든지 캠핑을 거듭할수록 훌륭한 캠핑 장소를 판단하는 시각을 점차 키울 수 있게 된다.

• 언제?

야영 장소에의 도착시간과 출발시간을 잘 정하는 것 또한 매우 중요하다. 자연 속에서는 은폐가 잘 되고 조용한 곳이라면 아무런 문제될 게 없지만, 도로에 접하거나 사유지에서라면 일몰 즈음에 텐트를 치고 일출 후 한 시간 이내에 짐을 꾸려야 할 것이다.

어떤 곳에서는 더 많은 시간을 보낼 수도 있지만, 대부분의 나라에서 프리 캠핑은 엄연한 불법이어서 경우에 따라선 차라리 텐트를 치지 않는 것이 낫기도 하다. 번잡한 곳에선 텐트를 치기 전에 먼저 취사를 하고 식사를 한다. 만약 남의 집 뒤뜰이나 창고에서 허락을 받고 야영을 하고자 한다면 일몰 전까지 기다릴 필요는 없다. 대부분의 주민들은 어두운 밤에 손님이 찾아와서 벨을 울리는 걸 반가워하지 않는다. 또한 저녁 식사시간에 찾아오는 것 역시 반기지 않는다.

수퍼마켓 뒤에서 야영하는 경우 아침의 개점 시간을 확인하고서 방해되지 않도록 그 시간 전에 떠난다. 주말에 한가한 공단 지역은 야영에 최적이기도 하다.

• 텐트

콘크리트 바닥에서는 펙을 박을 수 없기 때문에 자립식을 강추한다. 자립식의 장점은 한적한 거리의 정자나 폐가, 지붕 밑에서 플라이 없이 이너텐트만 치고도 간편하게 야영할 수 있다는 점이다. 다음에 고려해야 할 것은 플라이의 색상이다.

짙은 녹색은 자연 속에서는 환상적으로 어울리는 색상이지만, 캄캄한 어둠 속에서는 거의 보이질 않는다. 달빛조차 없는 칠흑 같은 어둠 속에서 텐트의 수십m 전방에서도 찾지 못해 헤맬 수 있다. 그렇다고 눈에 잘 띄는 노란색이나 주황색 텐트는 내부에서의 시력을 곧잘 피로하게 만들기 때문에 비추이다.

또한 고산 지대나 거대한 사막 그리고 해변에서는 텐트의 방수와 방풍은 매우 필수적이다. 다시 말해서 방수, 방풍 기능이 뛰어나지 않으면 폭풍우 앞에서 생존하기가 매우 어렵다.

국가나 지방에 따라서 소방서나 파출소에서 무료로 신세를 질 수도 있다. 만약 교회의 문이 잠겨 있다면 뒷문을 살펴보라. 또는 현지인들로부터 다른 방편을 부탁해 볼 수도 있다. 치안이 비교적 좋지 않은 러시아에선 길가의 음식점에서 저녁 한끼를 팔아준 후 뒷마당에서 종종 야영할 수도 있다. 무엇보다 노숙자처럼 지저분해 보이지 않은 깔끔한 차림새의 여행자라면 그다지 어렵지 않음을 명심하라.

• 초보자

스텔스 캠핑을 하는 초기엔 무척 긴장되고 초조하기도 하겠지만, 밤중엔 사람들이 거의 없다는 것과 누군가 셰퍼드 같은 개를 끌고 다닌다 해도 그들이 나보다 오히려 더 조심한다는 걸 곧바로 깨닫게 된다. 어떤 이들은 야생동물이나 곤충을 무서워한다. 거미나 뱀이 텐트 안으로 들어오지 않도록 텐트의 출입구를 꼭 닫으라. 이런 경우 이너텐트에 방충망이 있거나 비비색이 있으면 이중으로 더욱 안전하다. 곰이 출현하는 지역에서는 일반적인 주의사항을 잘 지키라. 또한 거대한 야생동물들과 마주치기란 막상 흔치 않으며, 가장 많이 만나게 될 손님은 아마 개일 것이다. 초보자들은 은폐하기 쉬운 숲이나 산에서 시작해보면, 곧 자신감을 얻게 되고 점차 다양한 지형으로 야영 영역을 확장할 수 있게 될 것이다.

2. 대중교통 이용(점프)

자전거여행시 당연히 자전거만을 타기도 하지만, 때로는 지루한 지역이나 악천후 또는 건강, 치안, 선약 스케줄 등의 이유로 대중교통을 이용하여 점프하기도 한다. 가급적 모든 코스를 자전거로 여행하기를 권장하지만, 볼거리의 사이에 지루한 길이 수십 km에서 수백 km까지 놓이는 경우도 있다. 이런 경우 버스나 기차 같은 대중교통을 이용하기도 하지만 트럭이나 밴 같은 차량을 이용하기도 한다.

■ 히치하이킹

장거리 항공여행은 전체 예산의 반을 훌쩍 초과할 수도 있으며, 그렇다고 매일 똑같은 자연환경을 자전거로만 타고 감으로써 즐거워야 할 여행이 지루하게 지속되는 것은 때로는 바람직하지 않을 수도 있다.
따라서 가끔 지루함과 스트레스를 벗어날 필요성이 있다면, 히치하이킹을 고려해 보라. 그 자체가 재미있을 뿐만 아니라 낯선 사람들을 만나는 재미도 있으며 또한 교통비를 절약할 수 있다. 히치하이킹은

금전적 절약이라는 목적도 있지만 현지인과의 접촉의 기회를 넓히는 훌륭한 기회가 되기도 한다.

지루한 지역의 라이딩을 피해 버스를 탄다든가 해서 건너뛸 수도 있다. 비자 유효기간이 가까이 다가온다든가, 신체 컨디션이 좋지 않다든가, 자전거 고장으로 수리할 필요가 있다든가, 기타 어떤 이유든 교통수단을 이용할 필요가 생길 수 있다. 이럴 때 버스나 기차를 탈 필요 없이 자전거와 함께 히치하이킹을 함으로써 경비를 절약할 수도 있다. 또한 히치하이킹시엔 담배를 피우지 말고 무엇보다 꾀죄죄한 노숙자로 오해받지 않도록 가장 깔끔한 옷으로 갈아입어야 한다.

되도록 짐이 많지 않을 것 같은 인상을 주라. 패니어와 그 내용물, 먹을거리, 의류 등을 너절하게 늘어놓지 말고 그 모든 것들을 자전거 뒤에 잘 숨겨놓으면 자전거의 짐이 그다지 없는 듯 보인다.

그리고 고급스럽거나 세련된 차는 어렵다. 소형차 역시 짐 싣기엔 비좁아서 히치하이킹이 어렵다. 대부분의 트럭 운전자들은 히치하이킹에 비교적 관대하다. 대부분의 나라에서 히치하이킹하기에는 트럭이 가장 쉽다.

3. 식량

교통비나 숙박비 지출이 없는 경우, 가장 큰 지출은 바로 식비다. 식비가 비교적 저렴한 아시아 국가가 아닌 한 가급적 식당에서 식사하지 마라. 바깥에서 취사할 수 있는 장비들을 준비하거나 혹은 자연에서 주은 나무 등의 땔감을 이용하는 것이 최상의 절약책이다. 수퍼나 시장에서 저렴한 가격의 식재료를 사다가 새로운 레시피로 직접 요리하여 먹는 재미도 짭짤하다.

또한 농작물의 수확기에는 먹을 것을 공짜로 얻을 수 있다. 먹을 것은 사방 어디서고 얻을 수 있어서 자연의 나무에서 열매나 과일 등을 따먹는 재미 또한 쏠쏠하다.

제과점에서 오래된 빵을 공짜로 얻을 수도 있으며, 식품점이나 수퍼 뒷편에서 오래된 과일이나 채소를 발견할 수도 있다.

이밖에 다른 중요한 선택은 무엇을 마실 것인가이다. 자전거여행이야말로 술이나 커피, 차 또는 설탕이 포함된 소프트 드링크류를 끊을 수 있는 최상의 기회이다. 처음엔 물이 지겹게 보이기도 하겠지만 결국 나중엔 물이 다른 어느 것보다도 건강에 좋은 것임을 깨닫게 된다. 강물을 마시려면 휴대용 정수기나 정수 알약을 미리 준비해 간다. 가장 이상적인 것은 계곡에 흐르는 맑고 시원한 깨끗한 물을 그냥 마시는 것이다.

■ 현지식으로 취사하라

인도나 동남아시아처럼 식당의 음식이 저렴하지 않는 한 직접 취사하는 것이 적잖은 돈을 절약할 수 있다. 보다 절약하려면 현지 식재료를 사는 것이다. 시장에 나가 새로운 음식에 도전해 보라. 놀랄 만한 새로움을 맛볼 수 있을 것이다. 밤하늘의 별빛 아래 또는 해가 진 후에 텐트 옆에서 취사해 보면 색다른 별미를 느낄 수도 있다.

■ 식수를 사지 마라

생수는 다른 식품에 비해 저렴하긴 하지만, 장기간의 여행 중 계속 사 마시는 것은 돈지갑을 축낼 뿐이다. 대부분의 선진국에서는 싱크대의 수돗물을 그냥 마실 수 있다. 공원이나 화장실은 수돗물을 얻기에 손쉬운 장소이며, 또는 민가의 현관문을 노크하여 얻기도 한다. 운 나쁘게 물을 얻지 못하는 아주 드문 경우도 있겠지만 운이 좋으면 물보다 더 나은 한 잔의 커피나 심지어 저녁 식사까지의 초대, 더 나아가 하룻밤 신세지거나 새로운 친구들을 만날 수 있는 뜻밖의 환대를 받

을 수 있는 기회로 건너뛰기도 한다. 개발도상국에서는 싱크대의 물을 그냥 마시는 것은 별로 추천하지 못하니, 돈을 절약하려면 가급적 정수기를 사용해야 한다.

4. 기타 지출

모든 물건을 가급적 직접 고쳐 쓰도록 한다. 자전거, 텐트, 옷 등은 바느질 키트(바늘, 실, 가위 등)와 포장용 청테이프, 절연테이프, 케이블타이 등으로 웬만큼 수선할 수 있다. 모든 걸 자신이 직접 고쳐 쓰게 되면 큰 만족감을 얻을 수 있다.

또한 길거리에서 쓸만한 폐품을 발견할 수 있는 안목을 갖게 되며, 길에서 발견하는 모든 것이 적잖은 돈을 절약시켜줌을 깨닫게 된다. 이렇게 함으로써 해외자전거여행 중 월 100만원 정도의 지출로도 여행이 가능해지며, 여전히 완벽한 건강과 함께 별다른 불편함 없이 즐거움을 만끽하며 다닐 수 있게 된다. 심지어 한여름엔 최저 월 5~10유로로도 지탱할 수 있으며, 때로는 친절한 구세주를 만나 무료민박하게 되면 1, 2주간 지출이 거의 굳기도 한다. 소박한 헝그리모드 여행이야말로 친환경을 몸소 실천하는 자전거여행의 기본자세임을 명심하라.

5. 가격을 흥정하라

가격 흥정은 돈을 절약하는 흥미로운 일로서, 유사 이래 세상 어디서고 흔히 벌어지고 있는 평범한 일상이다. 북미에서는 흥정할 줄 모르면 남자가 아니라고 말할 정도다.

■ 사전에 시중 가격을 파악하라

가격을 흥정하려면, 사고자 하는 물건이 무엇이든지 현지 가격이 얼마에 통용되고 있는지 알 필요가 있다. 한국을 떠나 경제적으로 매우 다른 환경의 나라에 처음 도착해서, 자신이 지불해야 할 금액보다 훨씬 많은 돈을 지불했던 쓰디쓴 경험이 있었을 것이다.

자전거로 여행하다 보면 현지인들이 지불하는 가격과 여행객들이 지불하는 가격에 차이가 있음을 깨닫게 되어, 조만간 방이나 식사 및 식료품 등을 사는 데 지불하는 적정가를 파악하게 됨에 따라 가격 흥정을 제대로 할 수 있게 된다.

현지인들이 물건 살 때의 가격을 알게 되면, 가격 흥정에 자신감이 생기게 되고 만족스런 적정가를 편안하게 지불하게 될 것이다.

■ 흥정을 위해선 일단 물러서라

상대방이 적정가의 판매를 거부할 때 가격 흥정을 위해 자신이 쓸 수 있는 마지막 최선의 카드는 그 자리를 물러서는 것이다. 만약 더 낮은 가격이 가능하다면 그들은 고객에게 달려와 자신이 제시한 가격에 흥정할 것이다. 그렇지 못한 경우 주변의 다른 곳에서 가격을 좀

더 알아본 후 처음에 들렸던 곳에 되돌아가면 된다.

■ 다량할인

　어떤 품목을 다량 구입시, 먼저 한 개의 단가를 물어보고 그 다음에 다량 구매시의 할인을 흥정함이 유리하다. 또한 숙박시에도 일박 요금을 물어본 후 장기 체류시의 할인을 문의하는 것이 순서이다. 즉 추후에 물량 할인 카드를 제시하는 것이다.

■ 현금 지불 할인

　신용카드가 아닌 현금으로 지불시엔 종종 할인을 받을 수 있다. 전형적으로 관광객들이 신용카드로 지불하고 있는 제품에 대해선 특히 해당된다.

■ 지불 전에 할인을 흥정하라

　소비행위가 일어난 후에 할인을 시도하는 행위는 무용지물이 되기 십상이다. 많은 나라들이 세트 가격으로 된 메뉴를 갖고 있지 않다.
　따라서 소비(식사)하기 전에 항상 가격에 동의를 구하라. 식사 후엔 할인을 할 수 없을 뿐만 아니라 오히려 엄청난 바가지를 당할 수도 있다 (특히 인도에서).
　누구든지 자신에게 할인해 주길 바라겠지만 먼저 요구하지 않는 이상 할인받을 수 없음을 알아야 한다. 어떤 숙소든 시장경쟁에 의한 많은 할인이 존재하고 있음을 명심하라.

■ 저렴한 항공권을 구하라

큰 바다가 가로놓여 있는 경우 건너가기 위한 수단으로 보트나 선박을 이용할 수도 있지만, 이용하기에 너무 복잡하거나 비용이 더 들기도 한다. 따라서 가장 저렴한 방법은 역시 항공편이다. 수많은 해외 사이트에서 전세계 수백 개 항공사의 할인 티켓을 구할 수 있다. 발품을 많이 팔아야 저렴한 상품을 발견할 수 있듯이 마우스품도 많이 팔아야 한다. 무엇보다 일찍 구입할수록 저렴한 티켓을 구할 수 있다. 시내 가까운 여행사들은 통상적으로 비싼 편이지만, 일단 자주 방문하다 보면 어쩌다가 뜻하지 않은 가격의 티켓을 구하는 절호의 찬스를 얻는 경우도 있다.

6. 신뢰성 있는 장비를 선택하라

초기에 다소 비싼 값을 치르더라도 뛰어난 내구성과 신뢰성으로 오랫동안 쓰게 되어 나중엔 결국 적잖은 돈을 절감하게 된다. 신뢰성 있고 고품질의 자전거 부품, 캠핑 장비 그리고 의류 등은 험한 라이딩과 험한 기후에서도 잘 견뎌내므로 유지보수나 새로운 교체부품을 위한 추가 지출을 할 필요가 없게 된다. 싸구려가 결국 비지떡인 경우는 어디서나 존재한다.

제24장 안전하고 성공적인 히치하이킹

히치하이킹이란 지나가는 차에 편승해서 하는 여행을 뜻한다. 대부분 여행코스의 일부를 히치하이킹하지만 100% 히치하이킹하는 이들도 적지 않다. 영어로 Hitchhiking이라 하고, 프랑스어로는 오토스톱(Autostop), 이탈리아어로는 발음만 달리 아우토스톱이라고 부르며, 독일어로는 트람펜(Trampen)이라고 한다. 러시아에선 비교적 위험한 편이긴 하나 불가능하진 않다. 러시아어 및 동유럽권의 슬라브어로는 압토스톱(Aвтостоп)이라고 한다.

1982년 이십대 시절부터 현재에 이르기까지 수많은 나라에서 배낭여행이나 자전거여행을 하면서 다양한 지형, 기후, 인프라에서 수많은 히치하이킹 경험을 하였다. 물론 예전에 비하면 많이 어려워졌고 위험해지기도 했고 때론 금지된 곳도 있으나 지금 이 시간에도 여전히 수많은 배낭족들이 즐기는 교통수단의 하나임은 틀림없다.

1. 도로변의 주유소나 큰 휴게소를 찾아가라

가장 안전하고도 성공률이 높은 곳이다. 도로변의 대형 휴게소도 매우 적당한 곳이다. 가난한 후진국이나 장거리 수송 트럭인 경우 연료비의 일부 또는 식사비를 부담하겠다고 제의해 볼 필요도 있다. 하지만 선진국에선 운전의 지루함을 덜어줄 동승자로서 또는 외국인에 대한 호기심으로 환영하는 이들도 적지 않음을 명심하라.

2. 주행속도가 가급적 느린 곳을 찾아라

주행속도가 느린 곳일 수록 성공률은 높아진다. 자동차들이 흔히 쉬었다 가곤 하는 언덕 정상도 매우 적당한 지점 중 하나다. 신호등이 있는 사거리에 넉넉한 갓길이 있다면 안성맞춤이다. 특히 경사가 급한 오르막길이나 내리막길 혹은 구불구불한 산길에선 정차가 귀찮거나 위험할 수 있으므로 가급적 피한다.

3. 충분한 안전거리가 유지된 차량을 선택하라

트래픽이 높은 곳에서의 긴급 정차는 자칫 추돌사고가 나기 십상이므로 히치하이킹이 거의 불가능하다. 교통량이 많더라도 빽빽하게 줄을 이어 거북이 걸음을 하고 있다면 충분히 가능하다. 수십년 전 얘기지만 서독 아우토반에서 무턱대고 히치하이킹하다가 안전한 곳에서 하라고 경찰한테 엄중히 지적 받은 적이 있었다.

4. 도심지에선 변두리로 빠져나와라

시내에서는 원하는 방향의 자동차를 만나기 힘들다. 고속도로나 국도가 시작되는 입구 부근이 적당한 포인트이다. 거기서 정차가 충분히 여유로운 빈 공간을 찾아라. 하지만 국경 부근에선 상대국에 따라 여러 문제로 까다로울 수 있으므로 운전자들이 기피하는 경우도 있음을 명심하라.

5. 목적지를 큼직한 종이 위에 적어서 보여라

미리 A3사이즈 쯤 되는 스케치북과 매직펜을 준비하여 내 목적지가 멀리서도 충분히 보이도록 큼직한 글씨로 써놓아라. 지나친 장거리 히치하이킹은 성공하기 어려운 편이므로 그 지역에 맞는 적당한 목적지를 표기한다.

오스트리아의 비엔나에서 프랑스의 그르노블로 되돌아 가고자 히치하이킹을 한 적이 있었는데 운이 좋아 스위스의 쥬네브까지 가는 부부를 만나 700km의 거리를 단 한 번에 공짜로 타면서 커피브레이크와 점심식사까지 얻어먹고 늦은 밤에 쥬네브에 도착하자 저녁식사에 숙박과 아침식사까지 이어지는 엄청나게 큰 환대를 받은 적이 있었다. 드물지만 이런 천사들을 만나는 건 여행의 큰 추억으로 남곤 한다.

6. 미소는 최고의 만국공통언어이다

 미소는 어떤 미사어구보다 앞선다. 만면에 밝은 미소를 띠우며 손을 흔들어 보기도 하고, 때로는 발을 동동 구르며 멀리서도 잘 보이도록 시선을 끄는 것과 동시에 동정심을 유발시킬 수도 있다. 특히 동양인이 드문 서구에선 호기심과 희소성으로 백인들보다 성공률이 비교적 더 높은 편이다. 히치하이킹의 목적은 여비절감도 있지만 현지인과의 소통을 위한 접근성에 이만큼 좋은 것도 없다.

7. 남자들은 꾀죄죄하거나 험악한 의상을 피하라

 특히 노숙자처럼 머리카락이 헝클어져 있거나 옷이 남루하거나 수염이 길게 자라 지저분하게 보이면 십중팔구 실패한다. 일부 운전자에겐 밀리터리룩이 험악하게 보여 비호감일 수도 있으니 피하는 게 좋다. 밝은 색깔의 깔끔한 의상일수록 성공률은 높아진다. 그리스 수도 아테네로 들어가는 길에 히치하이킹을 하다가 운 나쁘게 게이 운전자를 만나 당장 내려달라고 해서 대로변에 떨구어진 적도 있었지만 다행히 별일은 없었다. 그러나 언제 어디서든지 항상 경계심을 놓지 않도록 한다.

8. 여자들은 너무 야한 의상을 피하라

히치하이킹이 성공할 확률은 높아질 수 있으나 성범죄사고를 유발할 수도 있다. 나라에 따라서는 그 나라 여성들의 일상적인 복장에 맞춰 입는 것이 가장 안전한 방법이다. 이슬람국가나 국제적으로 폐쇄된 후진국가에선 특히 조심해야 할 사안이다. 즉 몸매가 드러나지 않을 헐렁한 긴바지나 헐렁한 긴치마가 적당하다.

9. 너무 작은 차나 너무 고급스런 차는 피하라

작은 차는 내 짐조차 놓은 곳이 없는 경우도 있고 이미 운전자의 짐으로 꽉 차서 빈 공간이 없을 수도 있다. 고급스런 리무진이나 스포츠카의 오너 대부분은 히치하이커들을 별로 달갑게 여기지 않으므로 기대하지 않는 게 좋다. 하지만 스위스에서 지붕 없는 2인승 수퍼카를 히치하이킹한 적도 있었다. 그는 자신이 담배공장 사장이라며 어렸을 고생해서 자수성가한 이야기부터 시작해서 내게 박정희의 독재를 찬양하느라 조금 불편하기도 했지만 뭐 어쩌랴, 얻어 타고 가는 놈이 참을 수밖에.

10. 짐이 너절하게 보이지 않도록 하라

짐이 많아 보일수록 성공할 확률이 낮아진다. 자질구레한 짐은 가급적 배낭에 집어넣거나 하나로 묶도록 하되 어쩔 수 없는 경우, 큰 짐 뒤에 숨겨서 운전자로 하여금 보이지 않도록 한다. 운전자의 입장에서 생각해 보면 충분히 수긍이 갈 일이다.

제25장 여행 중 IT 기기 배터리 충전

자전거여행이든, 배낭여행이든 핸드폰이나 GPS 혹은 전조등이나 후미등 및 블루투스 이어폰의 배터리가 방전되어 당황한 경험은 누구나 있었을 것이다. 여행 환경에 따른 적합한 선택과 준비는 어떻게 할 것인지 함께 살펴 본다.

1. AC 충전 어댑터와 각국별 플러그 어댑터

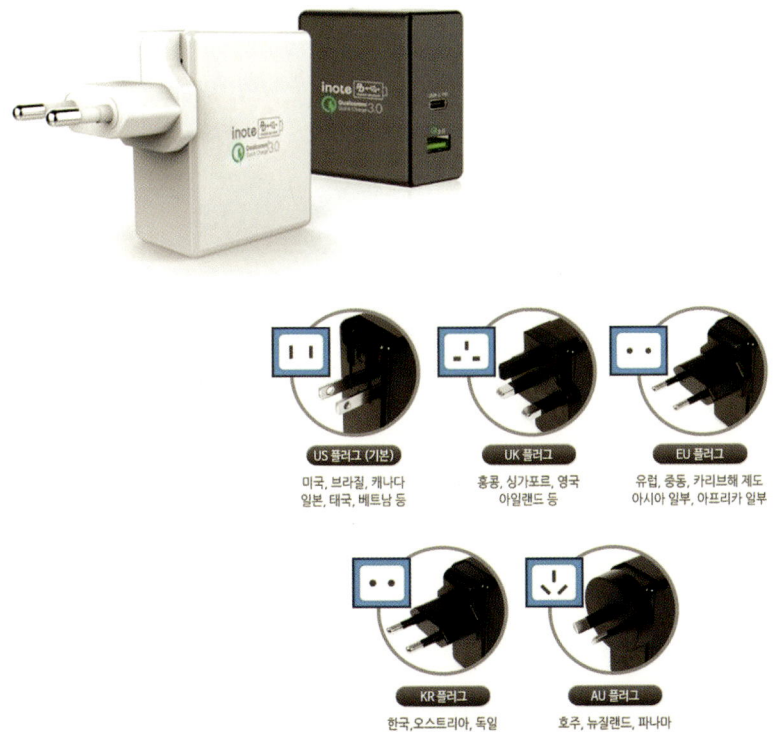

2. 스페어 배터리

당일치기 여행이라면 스페어 배터리로도 충분하다.

비행기 탑승시 문제가 될 수 있다면 현지에 도착하여 구입하는 것도 좋은 방법이다. 헤드램프나 후미등의 경우 대부분 AAA 타입의 알카라인 건전지를 쓰는 편인데 장기간여행이라면 스페어 한 세트를 꼭 챙겨가도록 한다. 전조등의 경우 대부분 18650 리튬이온 배터리를 이용하는 편으로 스페어 배터리 두 개 정도를 미리 충전시켜 놓으면 갑작스런 방전시 당황하지 않게 된다.

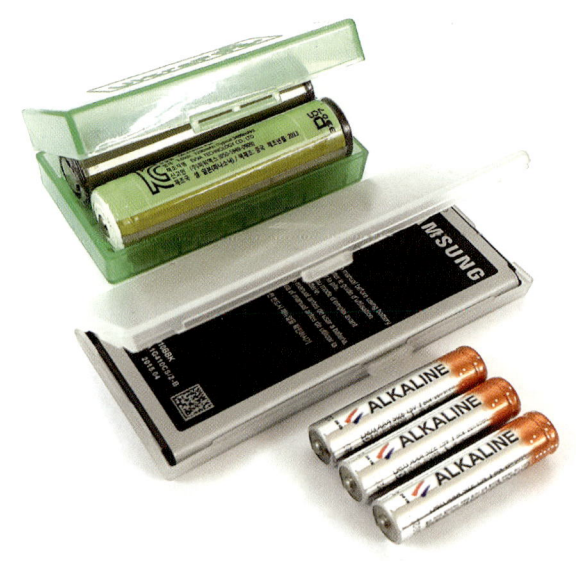

3. 대용량 외장 배터리

내비게이션을 사용한다면 대용량 외장배터리를 챙겨가라. GPS와 내비 프로그램을 소비전력이 꽤 많은 편이다. 요즘 출시되고 있는 20,000mAh 정도면 최신 스마트폰을 6번까지 계속해서 충전할 수 있는 넉넉한 용량이다.

4. 태양광 충전기(Solar Charger)

충전할 곳이 마땅치 않다면 태양광 충전기가 필수적이다. 휴대용 제품들은 접이식으로 충전 배터리가 별도로 필요하다.

솔라 패널의 장착 위치가 자전거 앞쪽인 경우 햇빛의 반사로 눈이 부실 수 있으므로 구입시 무광 처리된 솔라 패널을 선택하라. 또한 빗물이나 먼지가 스며들지 않도록 방수, 방진 처리가 완벽한 제품이 갑작스런 소나기나 먼지가 많은 환경에서도 제대로 견딜 수 있다.

21W 접이식 솔라 패널

10W 솔라 패널 + 5,000mAh 방수, 방진, 방충 배터리

8W 접이식 솔라 패널 + 8,000mAh 배터리 내장형, 접이식

5. 영하의 날씨에서는 리튬이온 배터리를 이용하라.

알카라인 건전지는 추위에 민감하여 기능이 극감하므로 추위에 강한 리튬이온 배터리를 이용하는 것이 좋다. 영하 40℃까지 내려가던 극한의 연해주 내륙지방에서는 사진 몇 장 찍고는 카메라 배터리가 얼어붙어 동작이 안되어 호주머니 속에서 맨손의 체온으로 1~2분간 덥히면 다시 몇 장씩이나마 찍을 수 있었다.

6. 습기, 고온, 충격을 피하라.

배터리 전용 케이스에 넣어서 햇볕에 직접 노출되지 않고 강한 충격을 받지 않는 안전한 곳에 보관하도록 한다.

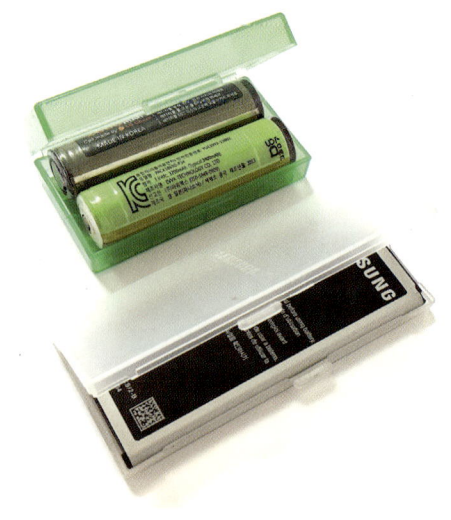

제26장 스마트폰으로 여행사진 촬영하기

1. 렌즈를 닦아라.
   렌즈에 묻은 기름기로 빛이 번지지 않도록.
2. 셔터 동작을 오토 모드가 아닌 화면터치 모드로 전환하라.
   원하는 피사체의 초점과 색상을 최적화할 수 있다.
3. 화면을 오래 누른 상태에서 상하 또는 좌우로 훑어라.
   피사체를 좀더 밝게 또는 좀더 어둡게 할 수 있다.
4. 핸드폰의 볼륨 버튼이나 이어폰의 볼륨 버튼으로 셔터
   기능을 대신해 보라.
5. 셔터 버튼으로 연사를 찍어 보라.
6. 한장에 담을 수 없는 넓은 풍경은 파노라마 모드를 이용하라.

7. 광각렌즈를 장착해 보라.

8. 그리드 라인을 이용하라.

9. 오토 모드에서 'HDR(High Dynamic Range)'을 on시켜라.
10. 배경을 흐릿하게 Blur 처리하라.
　　'Live Focus' 또는 'Near Far' 기능 활용.

11. 아이폰에선 'Live Photo' 기능을 이용해 보라.

12. 카메라를 완전 수동 모드로 사용해 보라.

   아이폰에서 Camera+를, 안드로이드에선 FV-5 앱 이용.

13. 디지털줌을 사용하지 마라.

   디지털줌은 화질을 심각히 떨어트린다. 피사체에 근접하기 어렵다면 스마트폰에 장착하는 작은 망원렌즈를 활용하라.

14. 플래시를 가급적 사용하지 마라.

   폰카메라의 플래시로는 제대로 된 색상을 얻기 어렵다. 차라리 조그만 휴대용 LED 전등을 이용하라. 또한 플래시의 빈번한 사용은 배터리 소모를 격감시킨다.

15. 스마트폰의 진동이나 충격을 피하라.

   특히 야간엔 가급적 삼각대를 쓰든가 또는 이어폰의 볼륨 버튼을 활용하라.

16. 대용량 외장배터리와 충전케이블을 휴대하라.
17. 안전에 주의하라.
　　촬영 당하는 걸 원치 않는 경우 해코지를 당할 수 있으며, 차도나 절벽 등 위험한 곳에서의 촬영을 조심하라.
18. 뭔가 특이한 순간을 포착하라.
　　기회는 기다리는 사람에게 다가온다.
19. 연출사진과 스냅사진은 각각 장단점이 있다.
20. 인물사진은 눈높이로부터 살짝 위에서 찍을 때 가장 좋다.
21. 종교나 문화가 다른 곳에선 낯선 이들을 함부로 찍지 말라.
　　일단 눈인사로 소통한 후 찍는 시늉으로 허락을 받는 것이 안전하고 예의바르다.
22. 현재의 위치를 알려줄 표지판을 포함시켜보라.

23. 관광객이 붐비는 시간을 피해서 일찍 도착하라.
수많은 관광객으로 인해 피사체를 제대로 못 찍을 우려를 피하기 위하여.
24. 관광객이나 행인이 빠져나간 한가한 거리에 느즈막하게 도착해 보라. 색다른 풍경을 만날 수도 있을 것이다.
25. 랜드마크 사진엔 사람을 포함시켜라.
26. 다른 사람들이 찍고 있는 걸 똑같이 찍어보라.
27. 사진 찍기 전에 왔다 갔다 산책해 보라.
28. 그 지역의 사람, 장소, 사물이 나오는 다양한 사진을 찍어라.

29. 반사광을 찍어라.
30. 작은 것을 관찰하는 근접사진을 찍어보라.
31. 일출이나 일몰의 빛을 놓치지 말라.
32. 무료 사진편집 앱을 이용해 보라.
33. 포토샵 같은 고급편집프로그램을 이용해 보라.

34. 동영상을 찍어 보라.

35. 동영상변환 앱을 이용해 보라.

36. 크라우드에 사진을 백업시켜라.

37. 와이파이 없이 노트북 PC나 USB 메모리에 백업해 보라.

제27장 안전한 현금보관 십계명

　우리나라의 치안은 전세계에서 손꼽힐 정도로 안전한 편이지만 해외에선 선진국이든 후진국이든 대도시나 관광지처럼 사람들이 붐비는 곳에선 소매치기나 강도가 범람하고 있으므로 항시 긴장하고 주의해야 한다. 유명한 관광지일수록 소매치기가 많음을 항상 명심하라.

1. 세 군데에 나누어 보관하라

　계란을 한 바구니에 담지 말라고 하듯이 현금을 세 곳에 나누어 보관한다. 한 곳에 모두 보관할 경우 단번에 분실하거나 도난당할 수 있다. 흔히 히든 머니 벨트와 신발창 밑 그리고 바지 밑 비밀 주머니에 나누어 보관하곤 하지만 자신만의 특별한 비밀 보관장소를 개발해 보라.

2. 몸에 지니는 것이 최상의 방책이다

　절대로 배낭에 넣지 말고 몸에 지녀야 하며, 관광객이 많은 번잡한 곳에선 가까이 접근하는 사람들을 특히 조심한다.

히든 머니 벨트를 이용하는 경우 꺼내기 번거롭더라도 내의 속에 착용하는 것이 원칙이다. 바지 밑의 비밀주머니나 다리 밑에 차는 지갑도 적극 추천한다. 한편 신발창 밑에 넣은 경우 함부로 신발을 벗어놓지 않도록 한다. 남미에선 팬티만 남겨놓고 입던 옷을 몽땅 뺏어가는 경우도 있었다고 하니 현금 일부를 배낭이나 패니어의 세면백 같은 곳에 원통형 필름통에 넣어 보관하는 방법도 있다.

3. 지갑엔 작은 금액의 현금만 지니도록 하라

사람들 앞에서 고액권의 현금이나 현금카드의 노출을 절대로 피하고 항상 10유로나 10달러 이하의 소액권들을 준비해 놓는다. 고액권은 히든 머니 벨트 같은 비밀주머니에 별도로 보관한다.

4. 가짜 돈지갑을 지녀라

가짜 돈지갑에 소액권 몇 장 정도로 약간의 현금과 쓸모없는 낡은 학생증이나 도서관 대출증, 할인카드 등으로 적당히 채워놓으면, 강도를 만났을 때 부담없이 넘겨줄 수 있다. 가짜 돈지갑을 빼앗길 때 엄청 괴로운 듯이 표정관리를 잘 하라. 너무 느긋한 표정은 쉽사리 들킬 수 있다.

5. 가급적 은행 안에 있는 ATM기를 이용하라

　거리에서 이용할 경우 기다리는 사람이나 지나가는 사람들에게 패스워드가 노출될 우려가 있으며 인출한 현금이나 카드를 도난 당할 수 있다. 어쩔 수 없이 개방된 거리에서 이용할 경우 수상한 사람들이 접근하지 않는지 주변을 수시로 살펴라.

6. 고액 지출은 반드시 카드를 이용하라

　구매품을 도난 당하거나 사고 발생시 카드회사로부터 환불받을 수도 있으며 만약을 대비하여 영수증을 반드시 보관하도록 한다.

7. 환전하기 전에 환율을 미리 파악하라

　엉뚱한 환전으로 손해보지 않도록 수시로 최상의 환율과 환율 변동 추이를 파악하도록 한다. 고액 환전은 은행에서 할 것이며, 위조지폐가 통용됨직한 의심스러운 곳은 피한다.

8. 패스워드를 노출시키지 말라

만에 하나 핸드폰이나 수첩, 노트북 등을 도난당했어도 각종 패스워드까지 노출되지 않도록 한다. 중요한 패스워드는 머릿속에 각인시켜 암기하는 것이 상책이다.

9. 관광객 티를 내지 말라

비싼 DSLR 카메라나 관광안내지도를 들고 다니는 등 관광객 티를 내면 범인들의 타겟이 되기 십상이다. 공항면세점 쇼핑백이 아닌 우리나라의 이마트 같은 현지 마트의 수수한 쇼핑백을 들고 다니면 현지인처럼 보여 훨씬 안전하다. 지도는 꼭 필요할 때만 꺼내 보도록 한다.

10. 자전거 안장 싯포스트나 핸들바 안에 비상금을 보관하라

안장을 싯튜브로부터 분리한 후 싯포스트 안에 고액권 몇 장과 전륜, 후륜용 스페어 스포크를 묶어서 함께 넣어준다. 이때 스포크에 줄을 달아 잡아당겨 빼기 쉽도록 하며 전륜용 스포크엔 노랑색 테이프로, 후륜용 스포크엔 파랑색 테이프로 묶어서 구분해 준다.
하지만 이 방법도 자전거를 통째로 도난당하는 경우엔 어쩔 수 없음을 명심하자.

아래 사진처럼 현금보관용 가짜 볼트를 이용하는 방법도 있으나 결국 그만큼의 무게만 증가될 뿐이다.

제28장 솔로여행의 장점

여행은 단순히 우리의 물리적 시야를 넓혀줄 뿐만 아니라 자신과 세상을 객관적으로 영적으로 바라보게 하는 매우 긍정적인 효과가 있다. 여럿이 여행하는 것이 좋은 점도 많지만 불편한 점도 적지 않다. 혼자서 여행하면 좋은 점들을 다음과 같이 정리해 보았다.

1. 나 자신을 보다 깊이 파악할 수 있게 된다.

일단 길을 나섰다면 스스로가 해야 할 결정에 직면하게 된다. 자신의 진정한 자아와 극복해야 할 두려움과 나의 능력이 얼마나 되는지를 적나라하게 깨닫게 된다. 일단 자신감을 갖게 되면, 자신의 마음을 따르고 듣는 것의 중요성을 발견하게 된다. 자신의 집중력을 향상시키고 차곡차곡 쌓여지는 고귀한 경험들을 오롯이 즐길 수 있다.

2. 외국어를 배울 기회가 훨씬 더 많아진다.

새로운 언어를 배우는 가장 좋은 방법은 무엇일까? 외국 문화와 외국어를 배우려면 원어민들 속에서 24시간 완전히 올인하는 것이야말로 언어장벽을 해소하는 최선의 방법이다. 한국인들끼리 여행할 때 누군가의 통역에 의존하기가 십상이고 또한 서로 한국어로만 소통하게 된다. 그러나 외국어 앞에서 홀로 직면하게 되면 자의든 타의든 새로운 언어를 지속적으로 배울 수 밖에 없게 된다. 사전 조차 없이 여행의 모든 일상 속에서 배우게 되는 생활언어로서의 외국어는 예전에 교실 책상에 앉아 교과서 속에서 한국인 선생님으로부터 머릿속 상상으로만 배우던 것과는 전혀 달리 생생하게 꿈틀거리며 살아있어 평생 잊어버릴 걱정 없이 뇌리에 박히게 된다.

3. 내게 맞게 절약할 수 있다.

단독여행시 어디서 뭘 먹을지 스스로 결정하기 때문에 예산을 맞추는 것이 훨씬 더 쉬워진다. 모험을 좋아하는 익스트림 스포츠를 시도해 보거나 멀리 떨어진 외딴 섬을 여행하는 것과 같은 색다른 여행을 위해 비용을 절약하는 것이 훨씬 쉬워진다. 내가 싫어하고 관심없는 분야로의 낭비를 막아준다. 예를 들어 술 마시지 않는 사람에게 그룹의 식대 중 술값의 비율은 엄청난 낭비가 아닐 수 없다.

4. 새로운 사람들을 사귀기가 훨씬 더 쉬워진다.

독자적인 여행가가 되어 현지인과 교류하고 새로운 우정을 나누는 것은 그룹여행시보다 훨씬 쉬워진다. 실제로 그곳의 지역 주민들은 자기 나라를 여행하고 있는 누군가가 하고 있는 일에 훨씬 더 관심이 많으며, 당신을 도울 가능성도 높으며, 보다 더 개방적이고 매력적일 수 있다는 것이다. 지역 주민들과 대화하고, 새로운 여행 동반자들을 만나면서 보다 더 사교적인 사람으로 성장해 나가게 된다.

5. 최대한의 자유를 만끽할 수 있다.

혼자서 여행할 때, 자신의 길과 당신이 방문하고 싶은 곳을 스스로 계획하고, 언제든지 내 의지대로 부담없이 변경하고 취소할 수 있는 기회를 얻을 수 있다. 다른 사람들과 함께 여행할 땐, 종종 그들과 더불어 부딪치지 않고 수더분하게 지낼 수 있도록 적당히 타협해야만 한다. 그러나 솔로여행은 내가 하고 싶은 활동을 선택하고 내 취향에 맞는 가장 적당한 방법으로 여행 계획을 세울 수 있다.

6. 남이 아닌 자신에게 의지할 수 있게 된다.

해외여행을 통하여 어려운 상황에서 자신에게 의지하는 것의 중요성을 낱낱이 깨닫게 된다. 자신이야말로 인생에서 내게 가장 중요한 사람이므로 자신의 마음을 신뢰하고 결정을 내리고 자신만의 선택하는 법을 배우게 된다. 여행 중 중요한 단계를 밟고 고비를 겪을 때마다 더 발전된 경험으로 쌓여질 것이다. 왜냐하면 스스로 현실의 삶을 꾸려나가고 자신의 필요성을 존중하는 것이 얼마나 중요한지를 깨닫게 될 것이기 때문이다.

7. 자신감을 높여준다.

스스로 길을 헤쳐 나아가는 소중한 기술을 습득하는 자신감을 키울 수 있도록 도와준다. 홀로 여행하는 경험은 자신을 더 강한 사람으로 만들어 주고, 여행가 이전에 하나의 인간으로서 성장할 수 있도록 장애물에 대처하는 한계와 능력에 도전할 것이다. 혼자 여행한다는 것은 도전 그 자체이며 자신이 정리해야 할 다른 모든 것들에 계속 부딪쳐 감으로써 자신이 결정한 것이면 무엇이든 달성할 수 있다는 자신감을 깨닫게 된다.

8. 스트레스를 받지 않는다.

솔로여행은 오로지 자신만을 위해 존재한다. 그룹여행의 멤버들은 개성과 취향이 제각기 다르므로 누구든지 만족할 수 있는 어느 한 테마에 최적화시킬 수가 없다. 그것은 옳고 그름의 문제가 아니기 때문이다. 내가 경험하게 될 유일한 드라마는 나 스스로가 만들어 나아가는 드라마이다.

9. 자신의 경험을 더 잘 반영할 수 있다.

용기와 행동으로 전세계의 흥미진진한 장소들을 탐험한 여행가이기 때문에 그 모든 경험들을 내게 맞게 훨씬 더 잘 반영할 수 있다. 자신의 여행 속에서 길 위에서 배운 모든 것들, 자신이 쌓은 우정, 직면한 선택들 그리고 극복한 도전들을 깨닫게 될 것이다. 흥미로운 것들에 집중하고 방문할 수 있기 때문에 이 모든 경험들이 더욱 자신에게 최적화되며 발전해 나간다.

10. 창조적인 프로젝트 작업에 시간과 영감을 얻을 수 있다.

그룹여행은 내 관심 분야의 창조적인 프로젝트를 탐구하기엔 희생되는 것이 너무나 많다. 그림을 그리든, 시를 쓰든, 작품 사진을 찍든, 멋진 기타곡을 연주하든, 새로운 사업계획을 개발하든 혼자 여행하는 것은 시간과 영감을 바쳐서 이러한 자신의 욕구를 제대로 충족시킬 수 있다. 자신이 다른 사람들의 요구에 굽힐 필요없이 자신의 창의력을 키우는 것에 올인할 수 있을 것이다.

제29장 성공적인 솔로여행을 위한 십계명

여행에 어느 정도 익숙해지면서 자신감이 생기면 자연스럽게 그룹여행으로부터 솔로여행으로 바꿔타게 된다. 남녀노소에 관계없이 또한 성격이 내향적이든 외향적이든 관계없이 누구든지 솔로여행을 할 수 있음을 자신있게 강추한다. 여행의 베테랑이 될수록 솔로여행을 하는 것이 대세이다.

1. 여행안내서나 핸드폰을 닫고 사람들에게 다가가자.

새로운 도시나 나라에 도착했을 때 가장 먼저 해야 할 일 중의 하나는 시내로 들어가 카페에서 커피 한 잔을 마시며 여유롭게 사람들을 천천히 관찰하며 여행안내서나 온라인에 나와 있지 않은 실제의 분위기를 파악하는 것이다. 아마 안내서에 나와 있는 것보다 더 실감나게 새로운 나라의 문화와 풍습에 대해 가까이 다가갈 수 있을 것이다. 카페 직원이나 손님들에게 저렴하게 잠잘 곳이나 먹을 곳을 물어보기도 한다. 운이 좋으면 그들 집에 초대받는 뜻밖의 환대를 받는 행운을 거머쥐기도 한다.

2. 낯선 것에 대하여 열린 마음으로 맞이하자.

새로운 사람들과의 만남에서 함께 커피 한 잔을 하든, 밥 한끼를 먹든, 술 한 잔을 하든, 소풍을 가든 그들과의 어울림에 적극적으로 다가가 본다. 솔로여행이라고 해서 24시간 솔로로 지낸다는 것은 아니다. 낯선 사람, 낯선 음식, 낯선 음악, 낯선 언어 등에 깊숙이 파고들어가는 능동적인 여행을 즐겨라. 세상엔 간혹 나쁜 사람들도 있지만 좋은 사람들이 여전히 훨씬 더 많다는 걸 깨닫게 된다.

3. 사람들을 만나고 사귀는 데 익숙해지자.

혼자서 여행할 때 가장 좋은 점 중 하나는 현지인 또는 솔로여행가들과 함께 어울릴 기회가 더 많아진다는 것이다. 대부분의 사람들은 호기심이 많고, 외국인을 보았을 때 당신의 이야기를 듣고 싶어한다. 반대로, 자신 또한 그들의 얘기에 귀기울여 보는 것이다. 나만의 닫힌 세상에 갇혀 있지 말고 열려 있는 세상으로 나아가 보라. 솔로여행을 하는 동안 사람들을 만나는 가장 좋은 방법 중 하나는 그들에게 쉽게 접근할 수 있는 카페, 레스토랑, 광장, 갤러리, 박물관, 도서관, 대학교, 콘서트장 등을 방문하는 것이다.

4. 절대로 과음을 피하자.

친구들과의 소통을 위해 사귀는 데 있어서 맥주나 와인 한 잔을 빼놓을 순 없다. 그러나 흔히 얘기하듯이 사람이 술을 마셔야 하는데 술이 사람을 마시지 않도록 각별히 주의해야 한다. 지나친 과음은 자신의 이성을 무너뜨릴 뿐만 아니라 건강까지 해치게 되고 더 나아가 강도나 교통사고까지도 유발하게 될 수도 있음을 명심하라.

5. 언제 어디서나 미소로 다가가 먼저 인사하자.

미소는 지구상에서 가장 아름다운 언어이자, 가장 오래된 언어이며 통역이 필요없는 만국공통의 언어이기도 하다. 낯선 사람들이 내게 다가와서 미소를 짓는 순간, 우리는 서로 웃으며 서로의 가슴을 열게 될 것이다. 미소야말로 혼자서 여행할 때 가장 중요한 팁 중 하나이다. 웃음은 언제 어디서나 친절하고, 매력적이며, 보편적인 소통 채널인 것이다. 미소는 남녀노소나 인종의 차별 없이 어떤 통역도 필요 없이 가슴으로 이해될 수 있는 것이다.

6. 익숙함에서 벗어나 새로움에 도전하자.

낯선 숫자와 알파벳 읽기를 배워보고, 살사댄스를 배워보고, 패러글라이딩을 타보고, 낯선 음식에도 도전해 보라. 이러한 새로운 경험을 통해 자신의 가슴을 열면서 새로운 친구를 자연스럽게 사귈 수 있다.

혼자 여행하는 법을 배우는 것에 대하여 솔직히 까놓고 말한다면 사실은 결코 자신이 혼자가 아니라는 것이다. 새로운 활동에 부딪칠 때마다, 자신을 만나고자 열망하는 친절한 사람들을 만날 수도 있을 것이다. 그리고 평생 알고 있었던 익숙한 친구나 가족과 떨어져 있으면서도 새롭고 낯선 것들을 얼마든지 자유롭게 시도할 수 있다.

7. SNS에 내 소식을 틈틈이 업데이트하자.

블로그나 페이스북 또는 인스타그램이나 유튜브 등에 내 최신 여행 정보를 업데이트한다. 혼자 여행하는 경우 빠르고 쉽고 안전하게 예방조치를 하는 방법은 바로 나 자신의 최신 정보를 구체적이고 체계적인 5W, 1H 정보로 지인들에게 수시로 알려주는 것이다. 이는 비상시 지인들이 내 지리적 위치나 건강 상태 및 주변 정세를 재빨리 파악하는 지름길이다.

(5W, 1H : Who, When, Where, What, Why and How)

8. 위험으로부터 스스로를 지키자.

- 숙소에서 외출시 목적지와 귀가시간을 알려주라.
- 치안이 의심스러운 곳에선 외출시 여권을 숙소에 맡겨라.
- 적당한 금액의 현찰만 지니고 ATM기를 활용하라.

- 주변환경에 따라 최소한의 서바이벌키트를 몸에 지녀라.
- 수시로 현지 TV 뉴스를 시청하라.

9. 때때로 독서삼매경에 빠져보자.

　독서는 간혹 지루함과 고독을 달래주기도 하고 새로운 영감을 불러 일으켜 주기도 한다. 너무 두껍지 않은 책 한두 권의 휴대를 강추한다. 핸드폰의 SNS에만 빠져들지 말고 종종 책을 보는 것이 오히려 더 넓은 세상을 새롭게 바라볼 수 있는 하나의 방법이기도 하다.

10. 호스텔, 카페에서 생생한 오프라인 정보를 입수하자.

　인터넷의 온라인 정보에 나오지 않는, 보다 저렴한 숙소, 괜찮은 웜샤워나 카우치서핑, 가성비 좋은 맛집, 치안문제, 환율 변동추이, 주변 축제나 음악 콘서트, 히치하이킹 등의 귀중한 정보들을 숙소의 여행가들로부터 얻어들을 수 있다. 그러나 간혹 가짜 뉴스도 있을 수 있으니 두세 번 재확인할 필요가 있다.

제30장 관광객과 여행가의 차이점

1. 관광객이 셀카봉을 들 때 여행가는 현지인과 어울린다.

셀카봉을 들고 지도를 쳐다보는 동안 번잡한 인도가 막혀버린다. 관광객은 사회적으로 특정 유형의 비정상적인 행동을 통해 (때로는 부정적인) 관심을 끄는 경향이 있다.

여행가는 지역 주민들과 잘 어울릴 수 있도록 최선을 다한다. 그들은 현지인들이 어떻게 살아가고 있는지 알려고 노력한다. 현지 문화와 어색하지 않는 옷을 입으며, 그들이 처해 있는 곳의 사회적 규범을 지키고자 노력한다.

2. 관광객은 간편식을 먹고 여행가는 전통식을 먹는다.

관광객은 익숙한 음식에만 집중하며 때로는 맥도날드나 KFC 같은 체인점을 즐긴다.

여행가는 음식문화란 어떤 문화와도 연관고리가 있음을 잘 알고 있다. 그들은 그 나라의 낯선 문화에 접하기 위하여 전통요리를 시도하는 등 익숙함과 편안함에서 벗어나고자 노력한다.

3. 관광객은 유람하고 여행가는 숨겨진 이야기를 발견한다.

관광객은 편안한 지역에 머무르면서 주요 명소를 관람할 뿐이다. 그들은 현지인들을 만나기 위해 외출하는 노력을 하지 않는다.

여행가는 사람들을 만나고자 온통 노력한다. 그들은 현지인들과 이야기하고, 낯선 도시가 주는 최고의 비밀스런 그 무엇을 찾거나, 여행 서적에서 찾을 수 없는 독특한 이야기를 발견하고자 한다. 여행가는 현지인이야말로 새로운 어딘가를 탐험하기 위한 최고의 자원임을 익히 알고 있다.

4. 관광객은 단지 간편한 옷을 입지만 여행가는 스타일과 편안함

이 배어 있는 옷을 입는다.

관광객은 편안함이 느껴지는 옷만 챙겨온다. 이것은 때로는 유행에 뒤떨어질 뿐만 아니라 현지의 종교적, 문화적 패션 규범을 존중하지 않을 위험이 도사리고 있다.

여행가는 스타일과 편안함이 함께할 수 있는 기능적이고도 세련된 옷들을 챙겨 종교적, 문화적 규범을 준수하는 점도 빠뜨리지 않는다.

5. 관광객은 모국어만 하지만 여행가는 현지어를 배운다.

관광객은 모국어로 말할 뿐 현지 언어를 배우려는 노력은 거의 없다.

여행가는 해외여행시 사용할 몇 가지 단어나 구를 배우고자 노력한다. 그들은 다른 언어를 사용하는 나라를 여행할 때 "Please", "감사합니다", "안녕"과 같은 기본적인 언어를 배우는 것이 그들과의 소통을 위하여 엄청난 차이를 만들어낸다는 것을 잘 알고 있다.

6. 관광객이 기념품점으로 달려갈 때 여행가는 전통문화를 찾아간다.

관광객은 토산품점이나 기념품점에 쉽사리 시선을 빼앗겨 버린다. 그들은 그 물건들이 그 나라에 정통하고 그 나라를 대표하는 것이라고 생각한다.

여행가는 그 지역의 진짜 보물과 보석을 찾고자 좀더 많은 시간과 노력을 기울인다. 그들은 최대의 노력으로 집으로 가져올 가장 정통한 무엇인가를 탐구하기 위해 적잖은 노력이 필요하다는 것을 알고 있다.

7. 관광객은 지도에 의존하지만 여행가는 본능에 따른다.

관광객은 대중적인 유명 관광지 위주로 이동하면서 지나치게 지도에 의존해 버린다. 그들은 종종 인가가 드문 곳에서 길을 잃는 소중한 모험을 놓칠 수 밖에 없다.

여행가는 자신의 본능을 믿으며 어디로 가야 할지, 무엇을 탐색해야 할지 알아차린다. 이는 구글맵을 사용하지 않는다는 의미가 아니라 길을 잃어버리거나 모험에 처하는 것을 두려워하지 않는다는 뜻이다. 그들에게 있어서 길을 잃는다는 것은 전에 경험해 보지 못한 아름다운 것들을 발견하는 것을 의미한다.

Part IV 서바이벌

위험이 될 우려가 있는 건 모래폭풍과 물 부족뿐이다.
목말라 죽는 것은 얼어 죽는 것만큼이나 속도가 빠르다.
두려움이 없는 모험은 결코 모험이 아니다.

— 라인홀트 메스너

제31장 서바이벌 키트

홀로 여행할 땐 모든 것을 빠짐없이 준비해야 한다. 단체여행시엔 서로가 나누어 감으로써 짐의 부피와 무게를 줄일 수도 있지만 원칙적으로 각자 독립적인 준비를 해서 유사시 남에게 의지하지 않고도 생존할 수 있도록 하는 것이 좋다.

1. 서바이벌 키트 사용시

● 서바이벌 키트 사용법이 충분히 익숙하도록 평소에 미리 숙지한다.
상황발생시 막상 쓸 줄 모르면 무용지물이다. 세트로 판매되는 것

보다는 평소에 쓰던 익숙한 것들을 하나하나 챙겨 놓는 것이 자연스러운 서바이벌 키트이다.

●서바이벌 키트를 사용 후, 마모된 것이나 소모품은 즉시 보충 또는 교체한다.

마모된 공구는 없는지, 부족한 부품은 없는지 수시로 점검한다.

●서바이벌 키트의 유효기간을 확인하여 적시에 교체한다.

일회용 밴드나 소독약 등은 시간이 지나면 본래의 기능이 떨어진다.

●여행 환경에 따른 변경이 필요할 땐 즉시 적합한 것으로 교체한다.

주변환경에 따른 기온 변화나 부품 교체에 따른 사양 변경에 적합한지 확인한다.

2. 의료응급처치 키트

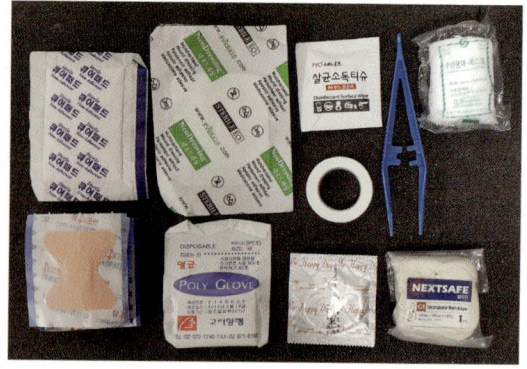

일회용 밴드(대, 중, 소), 소독약,
압박붕대, 반창고, 핀셋

3. 서바이벌 키트

3-1. 미니멀 서바이벌 키트

파이어스타터, 호루라기, 파라코드, 칼, 옷핀, 서류핀, 케이블타이, 절연테이프, 물병

3-2. 확장판 서바이벌 키트

나침반, 호루라기, 칼, 파이어스타터, 옷핀, 서바이벌 낚시 키트, 실톱(Wire Saw), 서바이벌 블랭킷, 시그널 미러, 파라코드, 접이식 미니 우드스토브, 청테이프, 파라코드 팔찌

제32장 서바이벌 파라코드 50가지 활용법

파라코드의 특징

1. 인장강도
불과 직경 3mm의 가는 끈임에도 불구하고 250kg이라는 엄청난 인장강도를 지니고 있다.

2. 내구성
몇 번이고 계속해서 사용할 수 있어서 유연성과 내구성이 매우 뛰어나다.

3. 경량성
225피트(6.75m)의 코드 중량이 1파운드(453g) 미만이어야 하는 Mil Spec을 충족시킬 정도로 가볍다.

4. 내수성 및 항균성
빨리 건조되므로 발수 기능이 뛰어나서 곰팡이가 슬지 않는다.

5. 내부의 실

비상시 외피를 벗겨서 내부의 실을 끄집어 내면 엄청나게 다양한 활용을 할 수 있다.

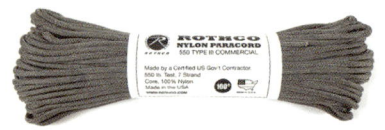

파라코드 활용 50가지

1. 장비에 끈 달아주기

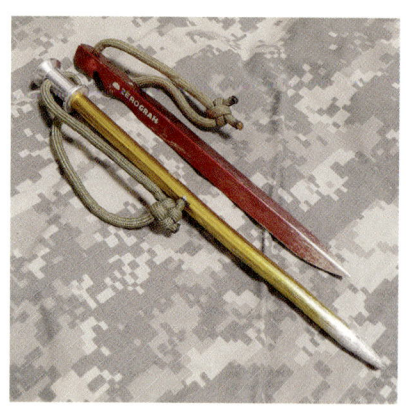

2. 타프를 나무에 묶을 때

파라코드는 로프보다 튼튼하고 강풍 속에서도 타프를 튼튼히 지지해 준다.

3. 서바이벌 팔찌

팔목에 착용하여 언제 어디서나 사용할 수 있는 전세계 모든 서바이벌리스트들의 예외 없는 영순위 필수품이다.

4. 덫(올가미)

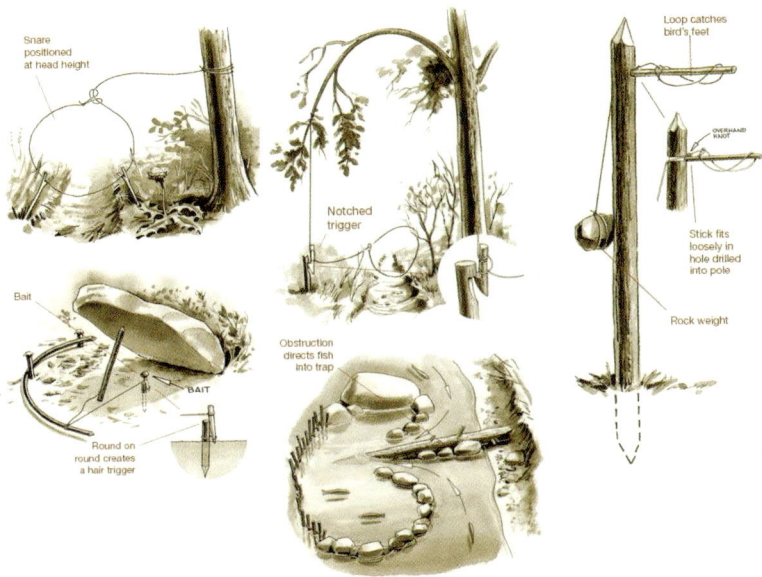

5. 낚싯줄

파라코드 내부의 가느다란 가닥을 이용하여 낚싯바늘과 막대기만 있으면 물고기를 잡을 수 있다.

6. 신발끈

파라코드는 신발끈보다 훨씬 더 튼튼하며 다용도이다.

7. 빨랫줄

실내나 실외에서 빨래를 널 때 긴요하다.

8. 치실

치아 위생을 위하여 파라코드 내부의 가느다란 실을 잘라내어 치아 사이의 음식 찌꺼기와 플라그를 제거할 수 있다.

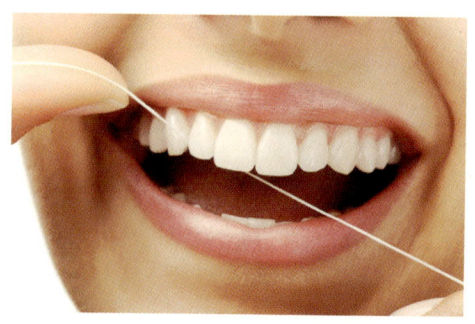

9. 내부 실로 비상 봉합 수술

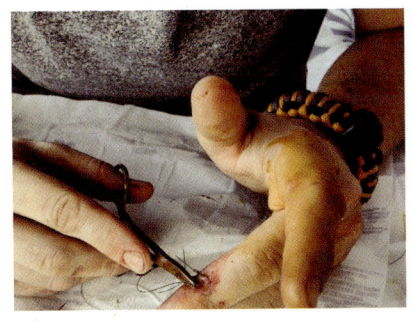

심각한 부상은 언제 어디서나 발생할 수 있다. 절단 부위나 상처 부위를 막는 데 도움이 될 수 있으므로 응급처치 키트에 파라코드를 추가하라. 물론 상처를 꿰매는 법을 배워야 한다. 찢어진 부위의 상처를 꿰매지 않으면 상처가 아물지 못해 더욱 치명적으로 악화될 수 있다.

10. 지혈

파이어스타터에 연결된 파라코드는 훌륭한 지혈대 기능을 한다.

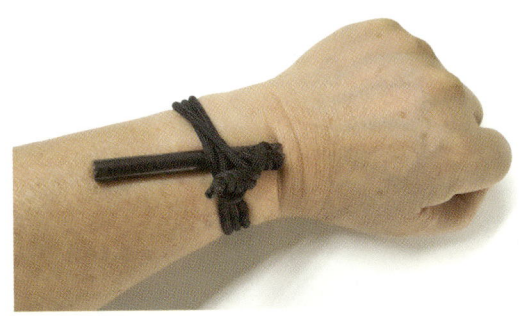

11. 칼 손잡이

칼이 작아서 잡기가 불편할 때 파라코드 핸들을 감아주면 칼을 단단하고 편안하게 잡을 수 있어서 그립성이 대폭 향상된다.

12. 해먹

13. 보우 드릴

마찰로 불을 피우는 것은 원시적이고 힘이 들긴 하지만 매우 효과적이다. 맨손을 사용하는 것보다 훨씬 더 빠르게 불을 피울 수 있도록 도와준다.

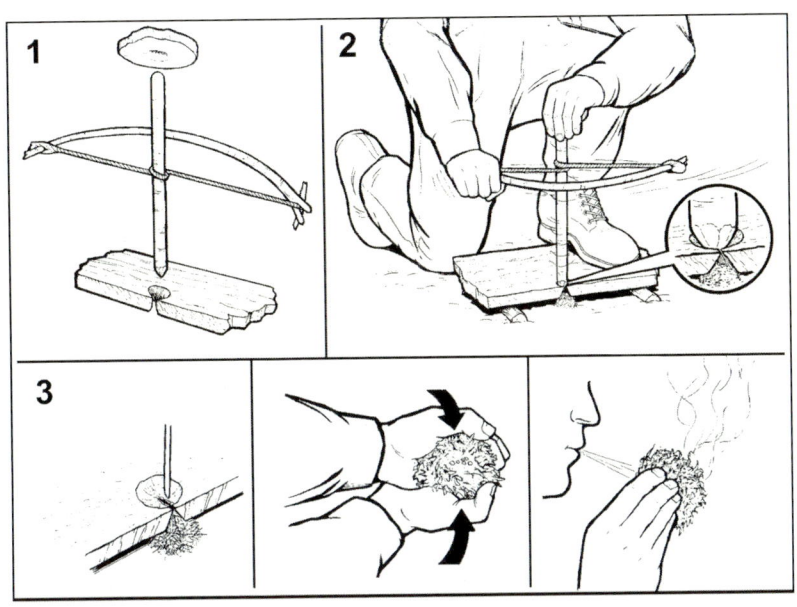

303

14. 바지 벨트

엄청난 양의 파라코드를 보관하고 운반할 수 있는 가장 좋은 방법은 파라코드로 만든 바지 벨트를 착용하는 것이다.

15. 캠핑 주전자 걸이

캠프 파이어 위에 주전자를 걸어두기 위한 줄로서 캠프 파이어 기중기를 만들 수도 있다.

16. 재봉실

파라코드 안에 있는 매우 강하고 질긴 실로 재봉을 할 수도 있다. 이때 바늘귀가 큰 것으로 미리 챙겨놓도록 한다.

17. 어망

18. 손잡이 또는 걸이

19. 보안용 철사덫

파라코드에 연결된 깡통이나 소음을 일으키는 물건을 연결하여 도둑이나 야생동물 등의 침입자가 다가온 것을 청각효과로 알려주고 침입자로 하여금 경각심을 일으켜 물러나게 한다.

20. 시계 팔찌

21. 퀵 보우 스트링거

활시위(활줄)을 걸어주는 보조 도구로써 보우 스트링거 없이 활시위를 거는 것은 매우 위험하다. 활은 부시크래프트에서 흔히 사용되는 사냥용 도구 중의 하나다.

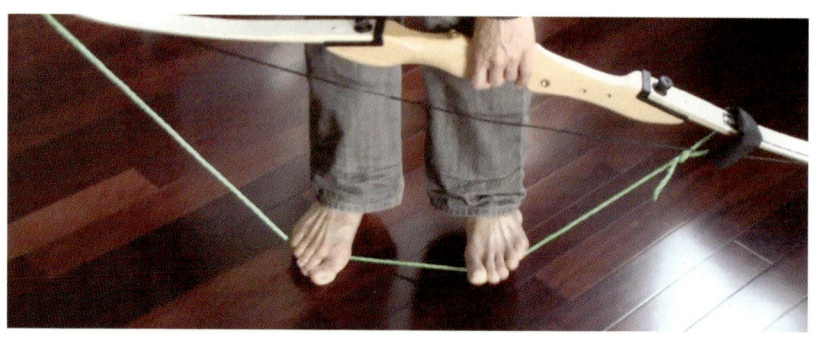

22. 마킹 트레일(경로 표시)

되돌아갈 길을 잃지 않도록 자취를 쉽게 표시한다. 나무 기둥이나 줄기 등 주변 지역의 눈에 잘 띄는 부분에 묶어준다.

23. 배낭에 장비 부착

24. 물백 호스 청소

물백을 사용하면서 호스 내벽에 이물질이 달라붙어 칙칙하게 보이면서 위생에도 안 좋게 된다. 이때 호스 안에 파라코드를 관통한 후 한쪽에 매듭을 묶어서 잡아당기면 더러운 호스가 이물질을 닦아내면서 깨끗해진다.

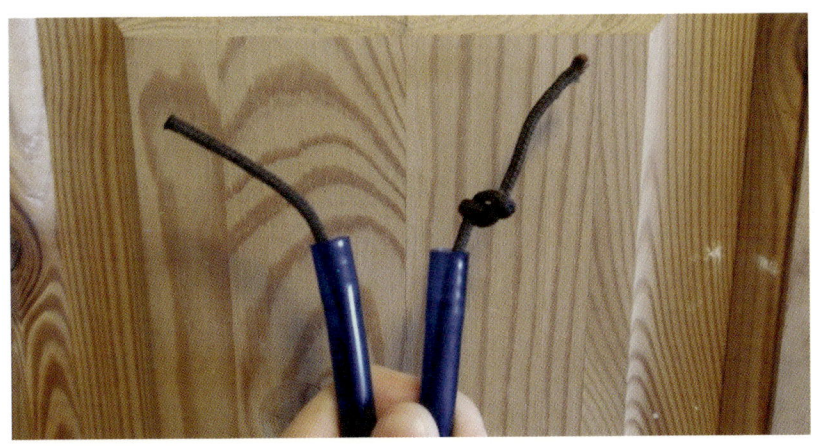

25. 차량 및 자전거 견인 로프

순간적인 장력이 걸려서 끊어지지 않도록 천천히 잡아당겨주면 심지어 육중한 군용 트럭도 끌려온다.

26. 도르래 줄

큰 나무 덩어리를 움직이려면 엄청난 육체적 힘이 필요하지만 도르래에 파라코드를 걸어주면 훨씬 적은 힘으로도 가능케 된다.

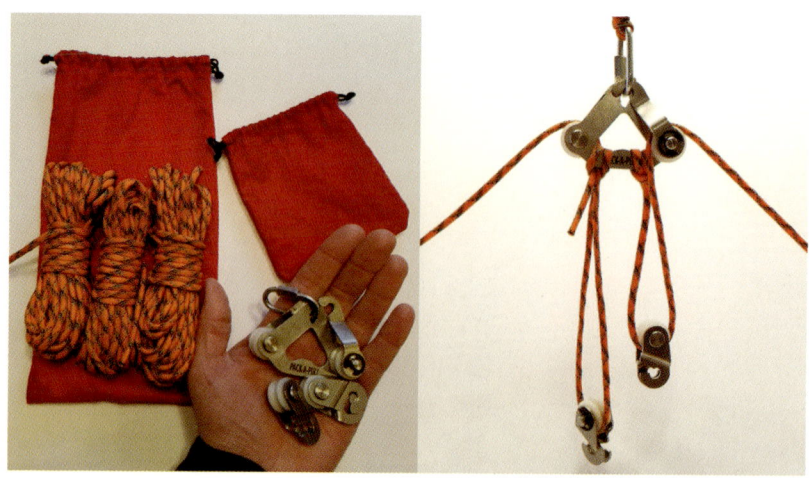

27. 칼날 갈기

면도기나 칼날의 무뎌진 가장자리를 날카롭게 만들어 주는 빠르고 쉬운 방법이다. 먼저 파라코드에 아주 고운 진흙을 골고루 묻혀준 후 그 위에 대고 칼날의 양면을 교대로 1~2분간 문질러 주면 칼날이 훨씬 더 예리해진다.

28. 음식물 보관

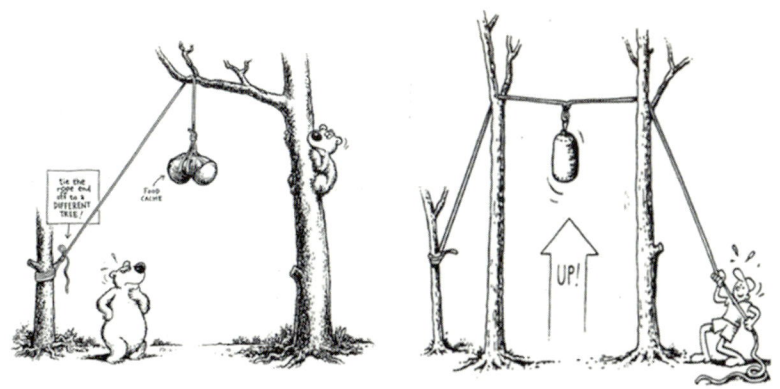

29. 아이들 그네

캠핑 중 아이들이 간혹 지루해질 때 그네를 만들어 주면 엄청 신나는 시간을 즐길 수 있을 것이다.

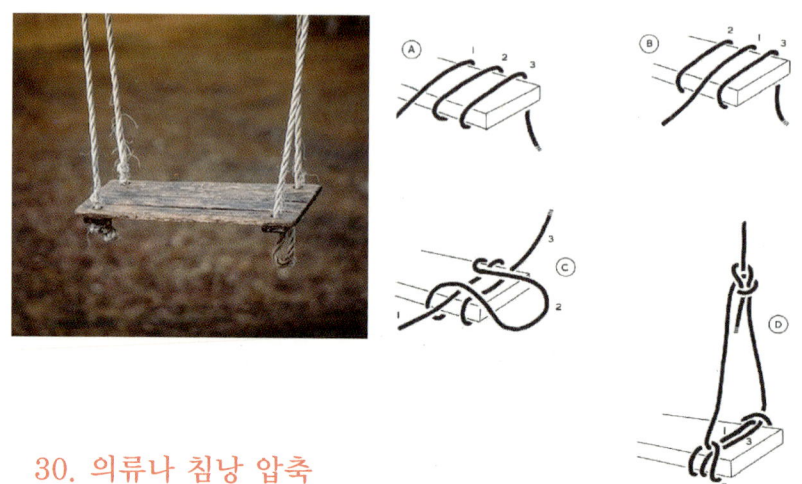

30. 의류나 침낭 압축

침낭이나 의류를 둥그렇게 말아서 파라코드로 힘껏 묶어서 압축하면 배낭 속의 부피를 보다 절약할 수 있다.

31. 절벽 내려가기(현수 하강)

로프가 없을 때 파라코드로 대체할 수 있다. 사전에 안전한 라펠 방법을 익혀놓을 필요가 있다.

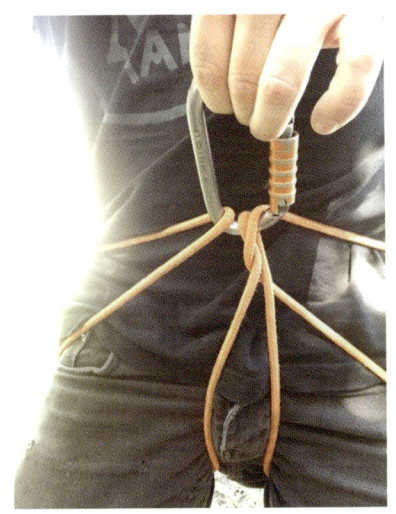 

32. 머리띠

여성들의 머리카락을 보다 깔끔하게 정리해 준다.

33. 장작 묶기

장작을 묶어서 운반하면 한 번에 훨씬 많은 양을 확보할 수 있다.

34. 썰매 끌기

걸을 때마다 발이 푹푹 빠지는 폭설 속에선 무거운 짐을 가지고 걷는 일이 매우 힘들어진다. 나무와 파라코드로 썰매를 만들면 아이들이나 짐을 보다 편안하게 끌 수 있다.

35. 램프 걸이

빛이 없는 캄캄한 어둠 속은 문자 그대로 재앙이 아닐 수 없다.

36. 석유랜턴 심지

석유 랜턴의 심지가 다 타버린 경우, 훌륭한 즉석 심지로 대치할 수 있다.

37. 서바이벌 쉘터

간이 침대나 의자 또는 해먹을 만들 수 있다.

38. 사냥용 창

물고기를 낚는 데 매우 유용하다.

39. 수갑

수갑이 풀려서 포로가 도망가거나 공격하지 못하도록 제대로 바르게 묶는 방법을 알아야 한다.

40. 물 수집

파라코드 매듭을 묶어 플라스틱 병 안에 넣고서 암석이나 젖은 표면에 파라코드를 올려놓으면 물이 코드에 스며들어 병 안으로 떨어진다.

41. 사다리

사다리를 배낭에 넣어 갖고 다닐 수 없지만 파라코드로 매듭을 만들면 훌륭한 사다리가 완성될 수 있다.

42. 자전거 프레임 손잡이

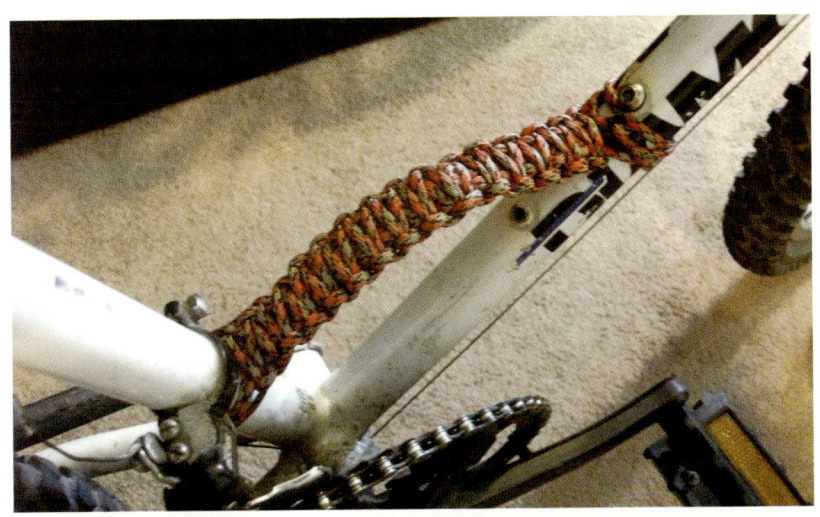

43. 자전거 핸들바

핸들바테이프 대신에 파라코드로 감아주면 그립감이 향상되고 비상시 풀어서 다목적으로 사용할 수도 있다. 자신의 취향이나 프레임 색상에 맞춰주면 보기에도 멋지다.

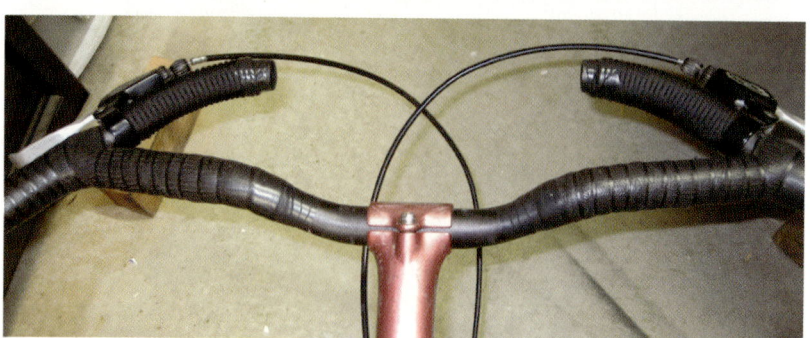

44. 비상용 다목적 파라코드 보관

45. 자전거, 트레일러 견인

견인시 급제동에 따르는 충돌방지를 위하여 충분한 안전거리를 확보하도록 한다.

46. 자전거 승강기

47. 산책용 개끈

48. 자전거 카세트 청소

49. 자전거 스노우 체인(케이블타이로도 가능)

50. 자전거 프레임백 고정

제33장 서바이벌 타프 10가지 활용법

예전엔 흔히 양가죽으로 만들었던 유목민의 천막집을 현대에 와서는 방수포로 만들게 되었다. 옛날과 마찬가지로 그것은 서바이벌백에서 빼놓을 수 없는 다목적 키트가 되었다. 방수포가 활용될 수 있는 많은 응용법이 있으니 그 중에서 최소한 10가지는 배워야겠다.

방수포는 우리가 생각할 수 있는 가장 다재다능한 장비 중의 하나다. 그 많은 용도 때문에 오지에서 가장 친한 친구로 여겨지고 있다. 비상사태 또는 생존용도와 관련하여 진정으로 다용도로 사용이 가능하다.

방수포를 사용하는 10가지 방법을 살펴보기 전에 직물, 크기 및 모양의 옵션과 같은 서바이벌백에 적합한 방수포를 선택하기 전에 고려해야 할 3가지 주요 특성이 있다.

물론 자신이 선택하는 방수포의 유형은 자신이 그것을 어떻게 사용할 계획인지에 근거해야 한다. 또한, 그것을 사용하려는 방식은 자신이 선택해야 하는 종류의 재료에 따른다. 사용 가능한 직물의 주요 유형은 다음과 같다.

원래는 굵게 짠 나일론 또는 푸른 방수포라고 불렀다. 그것은 방수 재질이며 거친 환경에 맞게 튼튼하다.

립스톱 나일론은 오래된 육군용 판초에 사용되는 재료로 경량 소재이다. 이 소재는 나일론천에 튼튼한 나일론실로 짜서 만들었으므로 내구성이 매우 높은 편이다.

큐벤(Cuben) 직물은 초경량용으로 주로 사용되는 합성섬유이다. Dyneema 섬유로 강화된 유연한 부직 복합 라미네이트로 만든 초경량 직물로 이루어진 최고의 방수포로써 다양한 가격의 제품이 존재한다.

타프 쉘터의 12가지 응용

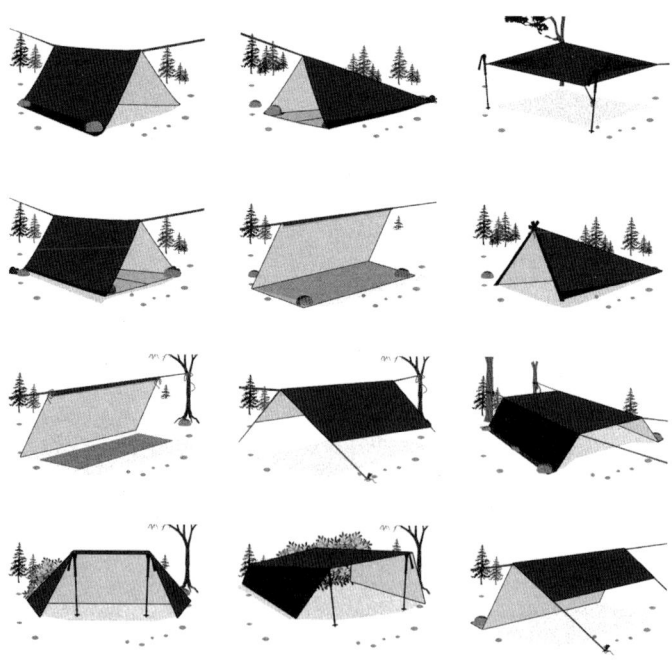

1. 타폴린

가장 전형적인 용도이다. 차량 등의 옥외 장비들의 보호용이나 위장용 덮개로 쓰이는 것이 대부분이다. 강한 비바람의 날씨에서는 로프나 파라코드를 추가로 사용하여 날아가거나 찢어지지 않도록 단단히 묶어준다.

2. 그라운드 시트

습기찬 날씨나 비오는 날씨에서 지면의 습기를 막아준다. 또한 땅바닥의 뾰족한 바위나 나뭇가지로부터 침낭이나 에어 매트리스가 찢기거나 찔리지 않도록 안전하게 보호해 준다.

3. 쉘터

방수포를 사용하여 쉘터를 만들고 싶다면 직사각형 또는 직사각형 방수천을 사용하여 튼튼한 쉘터를 만들 수 있는 수십 가지의 다양한 모양이 있다.

4. 침낭

방수포를 정사각형이나 직사각형으로 배치하고 그 위에 눕는다. 그런 다음 아래 가장자리를 발 위로 접는다. 그리고 좌우 가장자리를 접는다. 가장자리를 잡고 배 위에 올려 덮으면 이제 비바람과 이슬에 대처하는 쉼터가 생긴 것이다. 만약 자신이 밤에 자면서 뒤치닥거리는 사람이라면 좀 불편할 수도 있다. 알루미늄은박 비비색 같은 보온재를 침낭과 함께 추가로 사용하면 더욱 좋다.

5. 판초 또는 외투

하이킹하는 동안 방수천을 외투처럼 사용해서 건조한 상태로 유지한다. 많은 서바이벌리스트들은 서바이벌백에 판초를 넣어 보관하지만 외투로 입은 채로 사용할 수도 있다.

판초로 사용되는 방수포는 비를 막아줄 뿐만이 아니라 바람을 피하기에도 좋다. 이는 추운 기후에서도 체온을 유지할 수 있음을 의미한다. 눈보라나 진눈깨비 날씨에서도 유용하다.

6. 보관

7. 보트

북미 원주민들은 나무껍데기 모양의 골격에 동물 가죽을 덮어서 보트를 만들었다. 큰 강을 건너는 것은 인간이 개척하던 길 중 하나였다. 이제 보트를 덮었던 동물 가죽을 타프로 대치할 수 있다.

8. 해먹

습도가 높은 환경에서 건조한 상태를 유지하기 위하여 공중에 떠있는 침대를 만들 필요가 있는 경우 방수포를 사용하여 튼튼한 그물 침대를 만들 수 있다. 방수포의 한쪽 모서리에 있는 고리를 통해 로프를 움직여서 방수포의 가장자리를 하나로 묶으면 된다. 밧줄을 묶어서 단단히 묶은 다음 밧줄을 나무의 어깨 높이에 묶는다. 방수포의 다른 쪽도 같은 작업을 수행하고 다른 나무에 단단히 묶어서 연결한다.

9. 들것

방수포 또는 판초와 2 개의 긴 나무(최소 길이 2.5미터)와 짧은 나무(최소 길이 60cm)가 필요하다. 들것으로 사용할 계획이라면 환자의 몸보다 최소한 한뼘 정도 더 넓게 하는 것이 좋으며 운반 중 충격이나 진동으로 타프가 풀리지 않도록 단단히 고정시켜야 한다.

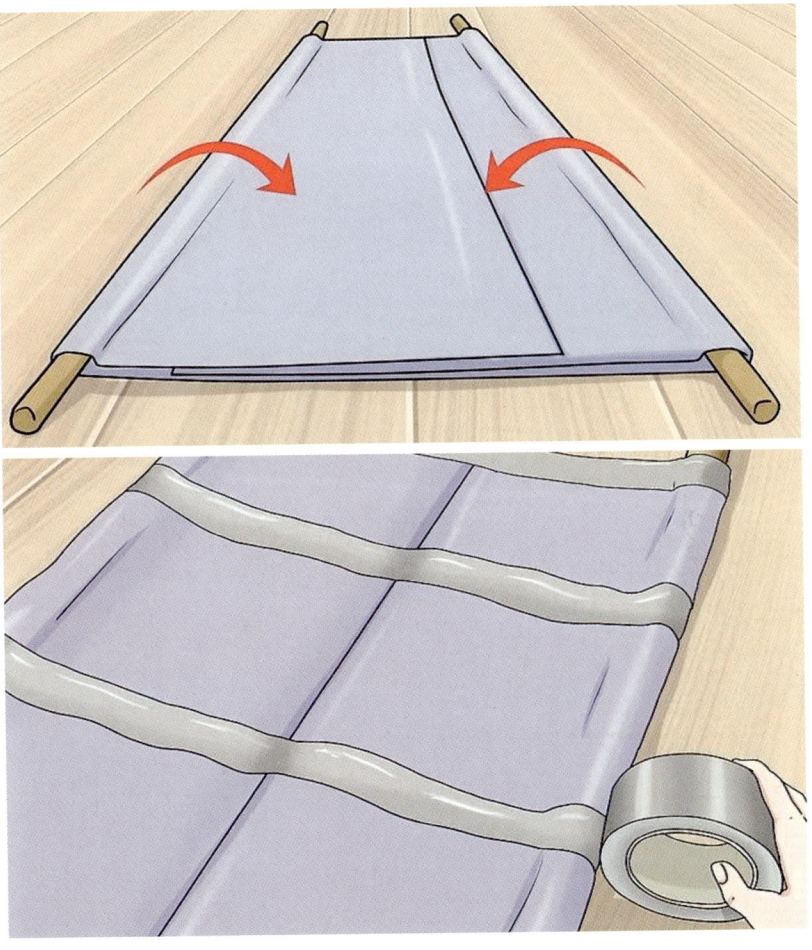

10. 트라보이(Travoy)

원명은 트라부아(Travois)로서 캐나다 프랑스어에서 유래되었는데, 영어로는 트래보이(Travoy)라고 부르며 무거운 짐을 운반하기 위해 북미 인디언 원주민들이 사용하던 삼각형 프레임이다. 트래보이는 보통 말로 끌었으나 개 또는 인간이 끌기도 했다. 미대륙 개척자들은 이를 개조하여 로프로 어깨끈을 만들어서 전시엔 부상병을 끌기도 했다. 교통수단이 없는 오지에서는 나뭇가지와 타프로 사용할 수 있는 응급 운송장비의 하나로 쓰이고 있다.

제34장 겨울철 생존 시나리오

　지구온난화현상으로 인하여 예측불가능한 기후가 종종 엄습하고 특히 지난 여름은 유난히도 극심한 폭염이 기승을 부렸다.
　특히 예측하기 어려운 한반도와 동아시아의 정세 및 글로벌 경제 침체가 맞물린 요즈음, 군사적 사태나 천재지변 등으로 인한 만약의 비상사태에 부딪쳤을 때 영하의 날씨 속에서의 예기치 못한 환경으로부터의 생존을 위하여 숙지해야 할 사항은 무엇일까?

　겨울철 뿐만 아니라 한여름철의 빗속에서도 얼마든지 저체온증에 걸릴 수 있기 때문에 365일 언제 어디서든지 아래의 생존 시나리오를 숙지해야 한다.

I. 겨울철 비상사태에 대비하기 위한 최우선순위

1. 따뜻하게 머무른다.

　체온을 36.5℃로 유지하기 위하여 필요한 것은 바로 따뜻한 피이다. 만약 혈액이 따뜻하지 못하면, 즉시 위험한 상황에 빠지게 된다. 이를 피하려면 습기가 있는 경우, 먼저 말려야 한다. 불을 지펴서 습기를 제거하고 체온을 정상으로 올린 후 피난처를 찾는다.

2. 응급처치
부상당한 환자를 도와주는 적절한 관리가 중요하다.

3. 식수
마실 물이 없이는 목숨을 며칠도 지탱할 수 없다. 식수공급을 유지하는 것은 최상의 우선순위이다.

4. 구조, 조난
길을 잃거나 부상 당했을 때, 구조에 관한 결정은 종종 사체로 발견될지 또는 생존 상태로 발견될지의 극단적인 차이를 만들게 된다. 예를 들면, 이미 누군가가 자신을 수색하고 있다면, 조난자가 구조대를 찾는 것보다 구조대가 조난자를 찾는 것이 훨씬 수월하다.

5. 식량
식량 없이는 3주 이상 버틸 수 없다.
고칼로리의 견과류나 사탕, 과자는 몸을 따뜻하게 지탱해 준다.

II. 생존을 위한 숫자 '3'

- 산소 없이는 3분 이상 살 수 없다.
- 얼음물 속에서는 3분 이상 살 수 없다.
- 식수 없이는 3일 이상 살 수 없다.

- 식량 없이는 3주 이상 살 수 없다.

III. 체온은 어떻게 열을 빼앗기는가?

- 방사 : 주변 공기보다 체온이 더 높은 경우, 신체로부터 열이 빠져나간다.
- 호흡 : 신체 바깥의 찬 공기를 호흡하여 허파로 들어올 때마다 신체의 열을 빼앗긴다.
- 전도 : 지표면 같은 차가운 표면에 접촉될 때 열을 빼앗긴다.
- 증발 : 피부로부터 땀이 증발함으로써 열을 빼앗긴다.
- 대류 : 신체 주변 공기로 열이 사라진다.

IV. 쌀쌀한 바람이란 무엇인가?

쌀쌀한 바람이 느껴지는 것은 기온과 풍속의 결합에 따라 노출된 피부에 체감되는 온도에 기인한다. 즉 실제 기온과 체감 기온이 다른 원리이다. 기온이 떨어지면, 열이 신체보다 피부로부터 더 빨리 빠져나가서 체온을 떨어뜨리게 된다. 이 점이 종종 노출된 피부에 동상을 입히거나 저체온증에 빠지게 되는 주요 요소로 작용한다.

V. 체온이 떨어지며 나타나는 증상

■ 저체온증

신체 주요 기관의 온도가 35℃ 이하로 내려가게 되면 다음과 같은 증상이 나타난다.

- 35~33℃ : 온몸이 심하게 경련하며, 신체 기능이 저하되고, 말을 정확히 할 수 없다. 또한 걸을 때 비틀거리고 판단력 저하와 건망증이 나타난다.
- 33~31℃ : 온몸의 근육이 경직되고 극도의 피로감을 느끼며 건망증, 기억 상실, 환각증세가 나타난다. 지속되면 더 이상 경련이 일어나지 않는다.
- 31~26℃ : 심장 박동이 일정하지 못하며 의식 불명이 된다.
- 26℃ 이하 : 심장 박동이 느려지고 호흡이 조절되지 못하며 부종, 폐출혈 등이 생긴다. 지속될 경우 사망할 수 있다.
- 경고신호 : 참기 어려운 떨림, 기억상실, 혼미, 조리없는 언행, 얼버무리는 말투, 졸음, 기진맥진

■ 동상

동상이란 극한의 추위로부터 인하여 피부와 기타 조직에 야기되는

의학적인 손상 상태를 일컫는다. 실제로 피부 밑에 얼음 결정이 형성되어 세포를 죽이게 된다.

■ 저체온증 조치법

물에 젖은 옷을 입고 있다면 신속히 마른 옷으로 갈아입고, 체온이 더 이상 떨어지지 않도록 몸을 담요 등으로 감싼 후 따뜻한 물이나 설탕물 등을 마시면 곧바로 회복된다. 가급적 빨리 체온이 상승하도록 하는 방법으로써 섭씨 38~40℃의 물에 넣어 체온을 올리는 방법이 가장 좋다. 환자가 의식불명 상태인 경우에는 가능한 한 빨리 병원으로 옮겨야 하며, 환자가 스스로 호흡을 하지 못한다면 즉시 심폐소생술 등의 응급처치를 한 후 병원으로 옮기도록 한다.

VI. 조난 시 올바른 의사결정기능을 해치는 것들

- 저체온증은 혼미하고 모순적인 언행 및 기억상실을 야기시킨다.
- 음주는 체온을 오히려 더욱 떨어뜨리며 명확하고 합리적인 사고 기능까지 해치게 한다.
- 설맹(雪盲, Snow Blindness)은 흰눈에서 반사되는 지나치게 강한 빛으로 인하여 일시적 또는 영구적인 시력상실을 초래한다.
- 공포는 논리적이지 못하고 무분별하게 감정적인 의사결정을 불러일으킨다.

- 자만심은 인간을 비이성적인 사고와 행동으로 이끌어 간다.
- 갈증과 굶주림은 명확한 사고를 제한시킨다.
- 부상 특히 머리를 다치게 되면 사고기능이 손상될 수 있다.
- 초조는 종종 어리석은 선택을 하도록 이끌어 간다.

서바이벌 은박 텐트/블랭킷 : 한강사(hangangsa.co.kr)

제35장 야외조난 생존 십계명

1. 나 자신을 살펴본다

오지에서 길을 잃고 혼자가 되었다면, 일단 앉아서 공포심, 분노와 좌절감이 사라질 때까지 잠시 머물며 생각을 모아본다. 이 상황에서 내가 갖고 있는 물건 중 생존에 도움이 될 만한 것은 무엇인지 곰곰이 생각해 본다. 무엇보다 자신의 의지력이야말로 생존을 위한 가장 큰 수단이란 걸 명심하라.

자신의 생존 키트에 있는 모든 것들의 사용법을 제대로 알고 있는지 확인하라. 머릿속에 생존키트의 목록을 꿰뚫고 있어야 하며, 길을 잃었을 때 무엇을 항상 생각해야 할지를 기억하라. 야외에서의 생존기술에 대하여 어떤 걸 익혔는지 현재 자신이 갖고 있는 것을 생존키트

로 어떻게 활용할 수 있는지 연구해 보라.

2. 안전한 쉘터를 만든다.

효과적인 쉼터를 세우는 것은 저체온과 그 요소로부터 당신을 보호하는 데 도움이 될 수 있다.

• 작게 만든다 : 몸의 더위가 따뜻함의 주요 원천이 되므로, 누워있을 때 몸을 수용할 만한 공간으로 보호소를 만든다.

• 기본 뼈대 구성 : 단순하게 기울이기 위해 쓰러진 나무와 같은 사용가능한 자원을 사용하거나 서있는 나무에 견고한 나뭇가지를 안전

하게 세워둔다.

- 벽면 덮기 : 가는 나뭇가지로 덮어 준다.

- 단열재 덮기 : 껍질, 잎, 솔잎, 이끼 등으로 면을 덮는다. 재료가 두꺼울수록 단열기능이 좋아진다. 비슷한 단열재를 땅바닥에도 추가한다.

3. 그늘 쉘터를 만든다

때로는 뜨거운 폭염으로부터의 보호가 가장 중요하다.

- 지표면에서 불과 한뼘만 깊이 파내도 좀더 시원한 바닥을 만날 수 있다.
- 막대기나 팔다리를 사용하여 노출된 지면 위에 쉼터를 만든다.
- 그늘을 만든다. 나무껍질, 나뭇잎, 판초, 비상용 블랭킷이나 타프 등을 이용하여 한쪽을 덮어준다.
- 그늘 아래의 시원한 땅바닥에 드러눕는다.

4. 식수를 구한다

깨끗하고 오염되지 않은 물을 찾는 것이야말로 생존의 영순위이다.

- 비 : 모아서 저장했다가 마신다.

• 눈 : 눈에서 물을 만들려면 에너지가 필요하다. 눈을 직접 먹지 말고 먼저 녹인다. 캠프 파이어나 캠핑 스토브로 녹일 수 없다면 직사광선이 닿는 곳에 물을 담근 후, 눈이나 얼음을 넣고 녹기를 기다린다. 태양이 없으면 체온을 이용한다.

5. 다른 물공급처를 찾는다

1분 동안 물 끓이기는 병원체를 죽이는 가장 좋은 방법이다.

• 물을 파내기 : 특정 식물은 수원이 근처에 있음을 나타낸다. 수분이 많은 식물을 찾아서 수분이 스며 나올 구멍을 판 후, 구멍에 물이 모일 때까지 기다린다.

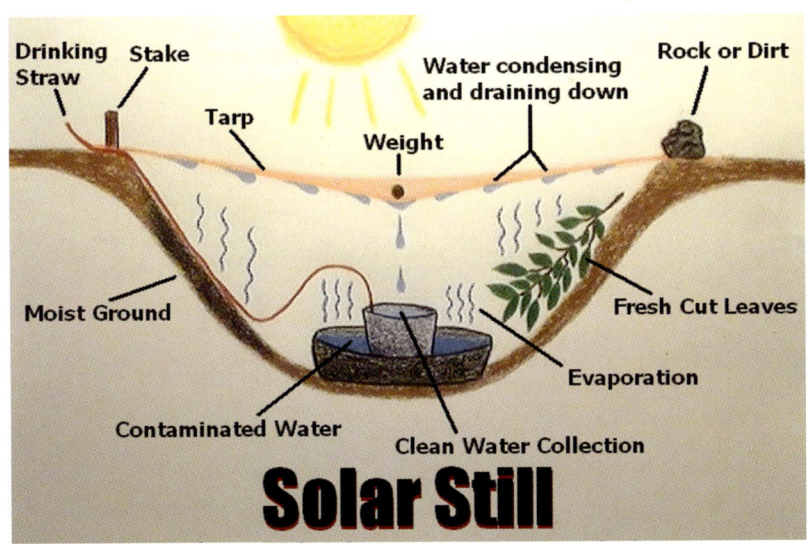

- 웅덩이나 개울 같은 지형에서 물이 발견될 수 있다. 그러나 위생적으로 의심스러우므로 꼭 끓여야 한다.

6. 식물에서 식수를 채취한다

- 이슬 : 식물과 풀밭에서 수집한다. 물을 잘 흡수하는 헝겊이나 옷을 사용하여 이슬을 빨아들인 다음 용기에 넣는다. 이 방법은 상당량의 물을 모으는 매우 효과적인 방법이 될 수 있다.

- 식물 습기 채취 : 식물도 사람처럼 땀을 흘린다. 잎이 많은 나뭇가지에 비닐 봉지를 덮어서 묶어놓으면 시간이 지남에 따라 물이 증

발하여 바닥에 증류수가 고인다.

7. 불씨를 피운다

• 가장 간단한 방법 : 방수 성냥을 사용한다. 성냥이 젖지 않도록 방수 용기에 넣어서 보관한다.

• 일반적인 방법 : 파이어스타터를 사용한다. 마그네슘 막대기를 칼로 긁어서 깎아 내어 불꽃을 만든다.

• 배터리를 이용하는 방법 : 자동차 배터리, 핸드폰 배터리 또는 9V 적층형 건전지를 이용한다. 양극과 음극 사이를 와이어 또는 강모로

연결하여 불꽃을 만들거나 양모를 점화시킨다.

8. 불을 크게 키운다.

- 불쏘시개 : 소나무 바늘, 마른 잎, 유액 또는 엉겅퀴 또는 마른 잔디를 모은다.
- 건조한 작은 나뭇가지를 집어 올려넣는다.
- 오랫동안 불을 피우기 위해 더 큰 나무 조각을 올려놓는다.
- 산소가 잘 들어올 수 있도록 피라미드 형태로 나뭇가지를 쌓는다.

나무 모양 : 가장 간단하고 쉽다.
통나무집 모양 : 불조절하기가 쉽고 천천히 탄다.
기울인 모양 : 악천후에 적합
별 모양 : 연료 소비가 적고 가장 천천히 탄다.

9. 매듭을 배워 둔다

모든 야외활동에 있어서 매듭법은 필수 상식 중의 하나다. 생존을 위하여 최소 아래 두 가지 매듭법을 평소에 마스터해 놓는다.

• 보우 라인(Bowline) : 이 매듭은 루프를 통해 로프에 무언가를 부착해야 할 때 매우 유용하다. 매듭을 단단히 잡을수록 매듭이 더 강해

지기 때문이다.

• 더블 반 차기 : 물체 주위에 로프의 한쪽 끝을 연결하는 데 사용된다. 이것은 쉘터를 만드는 데 유용한 매듭이다. 나무나 기둥과 같이 물건 주위에 반 바퀴를 묶어 두 번째로 똑같은 방향으로 따라가면 두 배가 된다. 안전을 위해 단단히 당긴다.

10. 창을 만든다

간단한 창으로 물고기나 다른 작은 동물들을 잡을 수 있다.

• 길고 직선형 막대기를 고른다.

• 막대기의 끝부분을 쪼개서 포크를 만든다.

• 나무쐐기 또는 작은 돌로 포크 모양으로 가른 후 칼이나 날카로운 바위로 날카로운 부위를 더욱 날카롭게 한다.

• 삼지창을 만들려면 쐐기를 넣은 후 더 작은 막대기를 넣고 날카롭게 하여 단단한 것에 끼운다.

제36장 두려움과 공포심 이겨내기

야외에서 우리가 갖고 있는 가장 중요한 도구는 바로 우리의 두뇌와 상식이다. 두뇌와 상식은 우리가 갖고 있는 가장 중요한 도구이다. 생명을 위협하는 중병을 경험했던 사람들은 매우 다양한 견해를 갖고 있을 것이다. 어떤 사람들은 한 가닥 두 가닥 포기를 시작하다가 살고자 하는 의지가 점차 사라지면서 결국 절박한 죽음으로 다가간다. 그러나 다른 어떤 사람들은 어떻게든 생존하고자 하는 의지를 갖고 있다. 이런 점에 관련된 수많은 요인들이 있다.

미래의 삶, 가족, 유머 및 목표를 바라보는 사람들의 개인적인 견해와 비전은 야생에서의 생존과 병으로부터의 생존을 위해 우리를 전력투구하게 만든다. 우리들의 삶에서 두려움, 공포와 스트레스 요인을 극복하는 방법은 우리가 해야 할 직접적이고 능동적인 역할을 명확히 수행하는 것 뿐이다.

■ 공포

공포는 일반적으로 과거의 어떤 경험에서 비롯된 우리의 정신적 충격에서 유래한다. 이 경험은 나쁜 결과와 함께 연이어 다가오는 나쁜 사건으로서 유년시절의 과거와 상호작용한다. 이는 징그러운 벌레에 대한 공포가 될 수 있으며, 홀로 고립되는 공포가 될 수도 있고, 물에 대한 공포가 될 수도 있다.

공포는 우리 자신이든, 우리 부모의 입장이든 자주 부딪히고 있는 일이다. 생각처럼 드문 현상은 아니다. 벌레를 무서워하는 부모가 있다면, 그 아이들에게도 이런 두려움이 전달되는 것은 드물지 않다. 그 아이들은 자라면서 모든 종류의 벌레를 매우 무서워하게 된다. 이런 공포를 극복하는 첫 단계는 각각의 공포에 대한 지식을 키워줌으로써, 자신을 교육시키는 것이다.

만약 개인의 어떤 공포가 야외환경에서 역할을 할 수 없을 만큼 매우 무기력하게 만들어버린다면, 자신의 공포에 너무 압도되지 않도록 최소한으로 공포를 줄여주는 방향으로 습관을 바꾸어 나가며 극복하는 연습을 해야 한다. 그렇게 함으로써 편안한 야외생활을 즐기기를 계속할 수 있을 것이다.

■ 두려움

어떤 특정한 공포는 두려움을 만들어낸다. 두려움은 인간에게 있어서 자연스러운 것이다. 그러나 공포가 판단과 상식을 방해하는 한계점에 이르게 되면, 매우 위험한 상황이 되어버린다. 두려움은 그들이 아무런 역할을 할 수 없도록 쉽게 꼼짝 못하게 만들 수 있으며, 사실상 아무것도 진행할 수 없는 상황으로 얼어붙게도 만든다. 실종되었을 때, 공황상태에 빠져버리고 분노의 파도가 커지면서, 자주 그릇된 선택을 하는 것은 드문 현상이 아니다.

두려움은 신체적, 감정적 손상을 쉽게 야기하게 한다. 연구에 의하면 실종된 지 첫 24시간 동안 구조되지 못한 후 구조불능으로 판단되면, 대부분의 사람들에게는 죽음에 이르는 5단계가 나타나게 된다.
로스 박사가 이를 처음으로 서술하였으며, 다음과 같이 다섯 단계가 있다.

1. 우울(침울)
2. 분노
3. 부정(否定)

4. 타협(흥정)

5. 인정(認定)

1. 우울(침울)

사람들은 야외에서 실종된 지 24시간이 경과하게 되면, 그들의 상황에 관련된 침울과 비애를 경험하게 된다. 죽을 수도 있다는 예감이 들면 그 뒤에는 이런 생각의 전개가 폭포처럼 쏟아져내리다가 눈덩이 불듯 가속적으로 더욱 빠른 나락에 빠지게 된다.

2. 분노

그 다음에 일어나는 분노는 드문 편이다. 사람들은 그런 상황에 처해 있을 때 자신에 대해서 매우 분노할 수도 있다. 그들은 분노를 표출하기도 하며, 왜 실종하게 되었는지 다른 사람들을 비방하기도 한다. 이런 분노는 그릇된 선택과 판단으로 이끌어가게 될 수도 있다.

3. 부정(否定)

부정은 특히 실종되었을 때 가장 흔히 맞부딪히게 되는 감정이다.

사람들은 종종 자신이 실종된 게 사실이 아니라 꿈일 거라고 현실을 부정한다. 부정은 때로는 우울이 자리잡기 전에도 일어난다. 이 모든 것이 어떤 특별한 순서로 일어나야만 하는 것은 아니다.

  부정은 매우 위험한 감정과 사고이다.

4. 타협(흥정)

  너무 절망적인 상황을 경험할 때 사람들은 그 자리에서 일어나 그 상황의 극한까지 밀어부쳐 볼까, 아니면 베이스캠프 또는 그들이 어딘가 위치하고 있다고 생각하는 장소의 입구로 되돌아갈까 등의 타협을 시도하기도 한다. 이러한 정신적 타협은 곧잘 좋지 않은 의사결정으로 이끌어갈 수도 있는데, 육체적 손상이나 자해로 이끌어 가거나 또다시 침울로 돌아가게도 한다.

5. 인정(認定)

  인정이란 실종되었을 때 주로 나타나는 것으로서, 꼭 나쁜 것만은 아니다. 실종되었다는 현실을 인정하고, 언젠가 구조될 것이라는 점을 현실로 분석하고, 불행한 곤경에 빠진 자신을 인정하게 되면, 앞으로 전진해 나가도록 시작할 수 있다. 인정은 그렇게 될 수 있는 매우 훌륭한 기회이다.

하지만 사람들은 불행한 상황으로의 진전이 시작하기 전에 그들의 의지를 통하여 상황을 직시할 필요가 있다.

자신이 실종되었음을 알아차렸을 때 해야 할 첫번째 일은 앉아서 심호흡을 한 후, 주변을 둘러보고, 새의 깃털이나 나무를 보면서 자신이 어디에 있는지를 확인하는 것이다. 그렇게 함으로써 길을 잃거나 방황하게 되더라도 적어도 그 지역이 각인되어 기억에 남을 것이다.

만약 약간의 물을 갖고 있다면, 아껴서 마셔라. 약간의 물을 마신다는 것이 얼마나 사람을 침착하게 하는지 경이롭다. 충분히 물을 머금게 됨으로써 사고를 좀더 명확하게 하기 시작할 것이다.

실종시 경험하게 될 수도 있는 그 순간, 스트레스와 불안 사이의 차이점을 알 필요가 있다.

불안은 매우 현실적이다. 그 불안의 수준과 강도가 얼마만큼이든, 그것은 자신에 따라 달라지는 것이며, 자신의 사고(思考)에 대한 인식이 진행하게 된다.

한편, 스트레스란 자신이 외부환경 특히 어떤 상황으로부터 통상적으로 영향받게 되는 그런 것이다. 불안이 보다 내재적인 것에 반해, 스트레스는 보다 외부적인 것이다.

그것들을 어떻게 취급해야 할지 알고 있다면 둘 다 이로울 수도 있으며, 어떤 상황에서 발견한다는 관점에서 동기를 유발시켜 주기도 한다. 불안은 내부에서 오는 것이기 때문에 보다 파괴적으로 해로울 수 있다.

하지만 이러한 것들을 인지함으로써, 사람들은 그들의 공포를 줄이는 첫 단계에 이르게 된다. 이에 관한 심리신경 면역학 연구가 수없이 많았으며, 이는 스트레스와 두려움에 관하여 직접적으로 언급하고 있다. 특히 스트레스는 외부적인 사건과 필연적이지 않다는 것이다. 다른 말로, 이는 흔한 자동차사고도 아니고, 맹렬한 폭풍우 동안에 자신에게 다가오는 태풍도 아니다.
이는 자신이 완전히 길을 잃고 어떻게 돌아가야 할지 모르고 있다는 것이 사실이 아닐 수도 있다는 것이다.

스트레스를 취급하는 관점에서, 보다 중요한 것은 사건 그 자체보다 어떻게 그 사건에 접근하는지에 관한 점이다.
사건 그 자체에 맞서서, 어떻게 상황에 처하게 되었는지, 어떻게 상황으로 치닫게 되었는지, 어떻게 상황에 접근하고 있는지는 스트레스와 불안을 처리하고 있을 때 가장 중요한 양상이 된다.
진부하게 보일 수도 있겠지만, 사건 그 자체는 자신이 실종되었다는 사실, 혹은 사건 그 자체가 바로 태풍일 뿐이다.

다른 시각으로 바라본다면, 자신이 막 맞부딪히고 있는 사건이지만, 그럼에도 불구하고 그것 또한 단지 하나의 사건일 따름이다. 만약 태풍으로부터 400km 떨어져 있더라도, 그것은 여전히 태풍일 것이다.

따라서 야외에서 실종되는 경우에 있어서, 자신의 스트레스 요인에 어떻게 접근하는지를 고찰하는 것이 매우 중요하다.

이제 두려움에 관하여 좀더 이야기해 보고자 한다. 대부분의 경우, 두려움은 깨닫고 있지 못하기 때문에 나타난다.

불을 처음으로 만나면서부터, 불이 인류에게 얼마나 이로울 수 있는 것인가를 깨닫기까지, 인류가 나타난 이래로 두려움을 경험해 왔으며, 불을 극도로 두려워했으리라 본다.

백인들이 아메리카 대륙에 막 상륙했을 때, 처음 본 황인종이라는 전혀 다른 색깔의 종족들에 대한 인식은 분명 낯설은 종족에 대한 명백한 두려움이었다.

이 두려움은 종종 분노를 만들어 내며, 두려움은 또한 분노로부터 유래한다. 예로부터 두려움을 보이는 것은 남자다움이 아닌 것으로 수년간 교육받아왔다. 이어서 두려움은 분노로 바뀌고, 분노는 쉽사리 파괴적으로 되어버린다. 그리고 그 순간에 두려움이나 분노를 인식할 수 있으면, 어디서 유래하는지 실감하게 된다. 분노는 대부분 두려움의 기본에서 유래한다.

이런 사실들은 거울처럼 자기 자신과 그 단점들을 비쳐볼 수 있도록 하는 데 도움이 된다. 그렇게 함으로써 야외에서 실종시, 그런 느낌들이 드는 것을 대수롭지 않게 여기며 무사히 넘길 수 있게 되는 것이다.

제37장 생존심리학

뜻하지 않은 생존상황에서 성공적으로 살아남기 위해서는 자연 속에서 움막을 짓고 식량을 구하고, 불을 만들며 GPS나 내비 없이 여행을 하는 등의 지식, 기술이나 장비보다 더 중요한 것들이 있다.

어떤 사람들은 사전에 생존훈련이 거의 없었거나 전혀 없었음에도 불구하고 생명에 위협이 되는 상황으로부터 생존할 수 있었음에 반해, 어떤 사람들은 생존훈련을 받았음에도 불구하고 그 기술들을 제대로 사용하지 못해서 사망하기도 한다. 어떤 생존상황에 처해서도 성공적인 생존의 핵심요인은 자신의 정신자세에 따른다.

생존기술을 갖는 것도 중요하지만 생존에 대한 의지를 갖는 것은 더욱 필수적이다. 생존에 대한 확고한 의지 없이는 알고 있는 기술은 거의 맹목적이 되어 버리고 귀중한 지식도 무용지물이 되어 버린다. 생존환경에 처한 사람은 그의 정신에 혹독한 충격을 주는, 많은 스트레스에 직면하게 된다.

만약 제대로 이해하지 못하고 있다면, 이 스트레스는 자신있게 잘 훈련된 사람을 생존능력에 대한 의문과 함께 우유부단하고 비효율적인 존재로 만들어 버려서 사고와 감정을 변환시켜 버린다. 그러므로 모든 사람들은 생존과 관련된 통상적인 스트레스를 잘 인지하고 있어야 한다. 즉 생존에 관련된 다양한 스트레스에 대한 반응을 알고 있어야 한다.

여기서는 스트레스의 본질 및 생존에서의 스트레스와 실제적인 생존상황에 직면하게 될 때 사람들이 자연적으로 경험하게 되는 내부적인 반응에 대하여 정의하고 설명할 것이다.

스트레스란 무엇인가?

생존상황에 처한 우리들의 심리적 반응을 이해하기 전에 먼저 스트레스에 대하여 알아보면 도움이 될 것이다. 스트레스는 우리가 치료하고 제거할 수 있는 질병이 아니라 우리 모두가 경험하는 상황일 뿐이다. 스트레스는 고통에 대한 우리의 반응으로서 묘사될 수 있다. 그것은 우리가 육체적으로, 정신적으로, 정서적으로, 그리고 영적으로 삶의 긴장에 반응함으로써 갖게 되는 경험에 주어진 명칭이다.

스트레스의 필요성

스트레스에는 수많은 장점이 있기 때문에 필수적이기도 하다. 스트레스는 우리에게 도전을 제공하며, 인생의 가치와 인내심을 배우게 하는 기회를 준다.
고통 없인 얻는 것도 없다(No Pain, No Gain!)
스트레스는 그 앞에서 무너지지 않고 고통을 다루는 능력을 보여줄 수 있으며, 우리들의 적응성 및 유연성을 시험할 수 있으며, 최선을 다 하도록 자극한다.

왜냐하면 우리는 중요하지 않은 일이 스트레스라고는 일반적으로 생각하고 있지 않기 때문에 스트레스는 우리가 어떤 일에 처한 의미를 보여주는 훌륭한 지표가 될 수 있다. 다시 말해서 우리에게 중요한 것이 무엇인지를 강조해 준다.
우리의 삶에는 약간의 스트레스를 가질 필요가 있지만 지나치면 나쁠 수 있다. 이 스트레스가 목표는 아니지만 너무 많아서는 안된다. 너무 많은 스트레스는 인간과 조직에 희생이 될 수 있으며, 고통으로 이어지게 한다. 따라서 고통으로부터 탈출하고자 하는 불편한 압박감을 야기하게 된다.

■ 지나친 고통으로 야기되는 몇 가지 징후들

- 의사결정이 어려워짐
- 분노의 폭발
- 건망증
- 기가 죽어버림
- 걱정으로 일관
- 실수하기 쉬운 성향이 됨
- 죽음이나 자살에 대한 생각
- 타인과 함께하기가 어려워짐
- 타인으로부터의 움츠림
- 책임회피
- 부주의

잘 알다시피 스트레스는 긍정적일 수도 있고 부정적일 수도 있다. 즉 격려를 주거나 또는 실망을 주기도 하며, 우리의 인생 행로를 지속시키거나 또는 멈추게도 하며, 인생을 의미있게 또는 무의미하게 만들기도 한다.

스트레스는 당신을 성공적으로 운영하도록 고무시키며, 생존상황에서 최대한의 능력을 행할 수 있게끔 한다. 그러나 또한 당신을 공황에 빠뜨리게 하여 훈련받았던 모든 것을 잊게도 한다. 생존을 위한 키 포인트는 당신이 처한, 피할 수 없는 스트레스를 관리하는 능력이다. 스트레스가 나타나도록 방관하는 것보다는 스트레스와 더불어 일하는 사람이야말로 생존자가 될 수 있는 것이다.

■ 생존자에 대한 스트레스 요인

어떤 사건도 스트레스를 일으킬 수 있으며, 모든 사람들이 경험한 바와 같이, 사건들은 항상 동시에 발생되는 것은 아니다. 종종 스트레스를 일으키는 사건들은 동시에 발생되기도 한다. 이 모든 사건들이 스트레스는 아니지만, 스트레스를 만들어 내고 있으며, 우리는 그것을 '스트레스 요인' 이라고 부른다.

스트레스가 반응인 반면에, 스트레스 요인은 명백한 원인이다. 신체가 스트레스 요인의 발생을 인지하면, 그것을 방어하는 행위를 시작하게 된다. 스트레스 요인에 반응하기 위하여, 우리 몸은 '싸울 것인지 혹은 피할 것인지'를 준비한다. 이 준비는 신체를 통하여 내부적으로 조난신호를 보내게 되며, 신체가 이 조난신호에 반응할 때, 몇 가지 행위가 일어난다.

신체는 빠른 에너지를 공급하기 위하여 축적된 연료(당과 지방)를 방출하게 되고, 혈액에 더 많은 산소를 공급해 주기 위해 호흡량이 증가하게 되며, 행동을 준비하기 위해 근육의 긴장이 증가하며 베인 상처로부터의 출혈을 감소시키기 위한 혈액응고 메커니즘이 활성화된다. 감각이 보다 예민해져서(청각과 후각이 예민해지고, 눈이 활짝 열림) 주변 상황을 보다 잘 인지하게 되며, 근육에 더 많은 혈액을 공급하기 위해 심장박동률과 혈압이 증가한다. 이러한 방어자세는 잠재적인 위험에 대하여 자신을 대처하게 하지만, 무한정 그러한 각성의 수준을 유지할 수는 없다.

스트레스 요인은 정중하지 않아서 또다른 하나의 스트레스 요인이 도착했다고, 하나의 스트레스 요인이 사라지지 않는다. 스트레스 요인은 계속 쌓임에 따라 미세한 스트레스 요인의 누적효과가 서로 너무 근접하여 나타날 때, 주요한 고민이 될 수 있다. 압박을 주는 신체의 저항이 피로해지며 스트레스 요인은 계속적으로 증가되어, 결국은 고갈 상태에 이르게 된다.

이 순간 스트레스에 저항하는 능력이나 그것을 긍정적인 방법으로 이용하는 능력을 발하게 되고 고민의 징후가 나타난다. 그것에 대처하기 위하여 야기되는 스트레스 요인과 전개되는 전략은 스트레스 관리의 두 가지 요소가 된다. 생존환경에 놓인 사람은 그에게 닥칠 스트레스의 요인의 유형을 잘 인지하고 있음이 필수적이다.

●상처(傷處), 질병 또는 죽음

상처, 질병이나 죽음은 우리가 눈앞에 닥친 진정한 가능성이다. 호의적이지 않은 행위, 사고(事故) 또는 치명적인 음식의 섭취로 인하여 사망할 수 있는 익숙치 못한 환경에 홀로 놓여 있는 것보다 더 스트레스를 주는 것은 없다.

질병과 상처는 전략을 펼치고, 음식을 먹고 마시고, 움막을 발견하고 자신을 방어하고자 하는 인간의 능력을 발휘하는 데 장애물이 됨으로써 스트레스를 가중시킬 수 있다. 상처와 질병이 죽음으로까지 인도하진 않는다 하더라도 그것이 만들어내는 고통과 불편으로 말미암아 스트레스를 가중시키게 된다. 사람들이 생존임무와 관련된 위험을 무릅쓰고 용기를 가질 수 있는 상처와 질병에 대한 취약점과 관련된 스트레스를 단지 제어할 뿐이다.

●불확실성과 통제의 결핍

어떤 사람들은 모든 게 명확하지 않을 때 어찌해야 할지 모르는 문제점에 봉착하게 된다. 생존상황에 있어서의 유일하게 장담할 수 있는 것이란 아무 것도 장담할 수 없다는 것 그 자체이다.

자신의 주변에 대한 통제가 한정되어 있다면, 한정된 정보에 대하여 극도의 스트레스를 받게 된다. 이러한 불확실성과 통제의 결핍은 더욱 비참해지는 스트레스로 가중되거나 죽음으로 내몰게 된다.

●환경

가장 이상적인 환경에 놓여 있다 하더라도, 자연이란 함부로 만만찮게 얕잡아볼 수 없는 것이다. 생존에 처한 사람은 기후, 지형 및 그 지역에 살고 있는 모든 다양한 동식물로부터의 스트레스 요인과 싸워나가야 할 것이다. 더위, 추위, 비, 바람, 산, 늪, 사막, 곤충, 위험한 파충류와 야생동물들은 생존을 위해 노력하는 사람에게 곧바로 다양한 도전을 한다.

자신의 환경으로부터의 스트레스를 어떻게 처리하느냐에 따라서 그의 주변은 식량자원이나 보호가 될 수도 있고 혹은 상처, 질병 또는 사망으로 이끌어가는 극도의 불안을 야기시킬 수도 있다.

● 기아와 갈증

식량과 물이 없이 사람들은 무기력해지다가 결국은 사망하게 된다. 그러므로 식량과 물을 구하고 보존하는 일은 조난기간이 길어질수록 그 중요성이 커지게 된다. 특히 남이 공급해 주던 식량에 의존해온 조난자들에게 있어서 식량 구하기는 더욱더 스트레스의 큰 요소가 될 것이다.

● 피로

어려운 생존이 지속될수록 자신에게 강요하는 것이 점점 피로해져 감에 따라 쉽지 않아지며, 깨어 있는 상태로 머물러 있는 행위 자체가 스트레스가 되기 때문에 매우 피로해지게 된다.

● 고립

역경에 처할 때 다른 사람들과 함께 있게 되면 약간의 장점이 될 수 있다. 각자의 숙련된 기술들을 서로 배우는 한편, 팀의 일원으로서 훈련을 받을 수도 있다. 특히 혼돈의 기간 중에 거기서 제공해 주는 정보와 지침을 이용하게 된다.

안전과 뭔가의 느낌에 대한 더 큰 감각을 제공해 주는 다른 공간의 사람들과의 접촉은 문제발생시 도움이 될 수 있다. 생존상황에 있어서 주목할 만한 스트레스 요인은 종종 한 사람이나 팀이 단독적인 자력에 의존해야만 한다는 것이다.

여기서 언급된 생존 스트레스 요인들은 단지 자신이 직면하게 될 수 있을 때만 해당되는 것은 결코 아니다. 어떤 사람에게 스트레스가 되는 것이 다른 사람에게는 스트레스가 안될 수도 있음을 생각해 보라.

자신의 경험, 단련, 삶에 대한 개인적 사고방식, 육체적, 정신적 상태 그리고 자신감의 수준은 생존환경에 있어서 어떤 스트레스를 발견할 것이지 기여해 준다. 우리가 바라는 목표는 스트레스를 피하려 할 게 아니라 생존에 대한 스트레스 요인을 관리하는 게 더 낫다는 것이며, 스트레스 요인이 자신과 함께 다루어지도록 만들어 준다.

우리는 이제 스트레스와 생존하고자 하는 통상적인 스트레스 요인에 관한 일반적인 지식을 갖게 되는데, 다음 단계는 우리가 직면하게 될 스트레스 요인에 대한 우리들의 반응을 시험할 것이다.

■ 스트레스 요인에 대한 우리들의 반응

인간은 수 세기를 통하여 그 환경 속의 많은 변화에 생존해 올 수 있었다. 변화하는 세계 속에서 다른 종들은 점차 사라져 버린 반면에 육체적, 정신적으로 적응하고자 하는 인간의 능력은 자신을 살아갈 수 있도록 유지시켜 주었다.

 우리 선조들이 살아가도록 유지시켜준 동일한 생존 메커니즘은 마찬가지로 우리들을 살아가게끔 유지시키는 데 도움을 줄 수 있었다. 그러나 우리가 생존 메커니즘을 이해하지 못하고 그 존재를 예기하지 못한다면 그것은 또한 우리에게 거슬러서 작용할 수도 있다.

 아무튼 보통 사람들은 생존상황에 처하여 약간의 심리적 반응을 가질 것이란 건 놀랄 일이 아니다. 윗글에서 역설한 스트레스 요인에 대한 경험을 할 수 있는 자신과 다른 사람들에게 나타나는 어떤 주요한 내부적 반응들을 이제 곧 시험할 것이다.

● 두려움

 우리가 믿고 있는 위험한 상황에 대한 우리 자신의 감정적인 반응인 두려움은 죽음이나 상처 또는 질병을 야기시키는 잠재력을 갖고 있다. 이런 해로움은 꼭 육체적인 손상에만 국한되는 게 아니라 자신의 정서적, 정신적 안녕에 대한 위협은 또한 두려움으로 발전될 수 있다. 무모함으로 상처를 야기시켰던 생존에 대한 주의를 줄 수 있는 격려가 된다면, 생존하고자 노력하고 있는 사람에게 있어서 두려움은 긍정적인 기능을 가질 수도 있다.

 유감스럽게도 두려움은 한 인간을 꼼짝달싹 못하게 할 수도 있다. 그것은 생존을 위한 필수적인 행동을 수행함에 실패할 수 있다는 걸

두렵게 만들기도 한다.

대부분의 사람들은 불리한 상황에서 익숙하지 않은 주변환경에 놓여 있을 때 어느 정도의 두려움을 느끼게 되지만 수치스러울 필요는 없다. 우리들 각자가 그 두려움에 정복되지 않도록 자신을 적절히 훈련해야만 한다.

실제적인 훈련을 통하여 우리들의 자신감을 키워주는 데 필요한 지식과 기술을 습득할 수 있으며, 그에 따라 우리들의 두려움을 관리할 수 있게 된다.

●불안

두려움과 연관되는 것은 불안이다. 인간이 두려움을 느끼는 건 자연적인 현상이기 때문에 불안을 경험하는 것 역시 자연적 현상이다. 불안이란 우리가 육체적, 정신적, 정서적으로 위험한 상황에 직면하였을 때 갖게 되는 꺼림칙하면서 깨닫게 되는 느낌이다. 유익한 방법으로 사용될 때, 불안은 우리를 마지막까지 행동하도록 재촉하거나 적어도 길들여지게 한다.

만약에 전혀 불안에 빠진 적이 없었다면 삶의 변화를 만들고자 하는 동기는 거의 없었을 것이다. 생존환경에 처한 사람은 혹독한 생존을 통하여 그의 도래를 확신시켜주는 의무를 수행함으로써 불안을 감소시킨다. 그가 불안을 감소시킴에 따라 우리는 두려움이라는 불안의 원천을 통제하에 두게 된다. 이런 방식으로 불안은 유익하기도 하지만 때론 매우 끔찍한 충격을 가져올 수도 있다.

불안은 우리를 쉽사리 당황하게 만들고 부정적인 생각을 갖게 하는 방향으로 빠뜨릴 수 있다. 불안이 나타나면, 현명한 판단을 하고 결정을 타진하는 것이 더욱 어렵게 된다. 그러므로 생존을 위하여 불안을 가라앉히는 기술을 습득하고 그것이 해로움이 아닌 도움이 되는 방향으로 나아가도록 살펴야 한다.

● 분노와 좌절

목표에 이르고자 하는 시도가 꺾여질 때 좌절감이 일어난다. 생존을 향한 목표는 자신이 스스로 도움에 다다를 수 있거나 또는 도움이 자신에게 다다를 수 있을 때까지 살아남도록 하는 것이다. 이 목표에 도달하기 위하여, 우리는 눈앞에 갖고 있는 최소한의 물자로 어떤 임무를 완성해야 한다.

이 임무를 실행하고자 노력함에 있어서 다음과 같은 일들이 불가피하다. 뭔가 잘못될 수도 있고 뭔가 우리의 통제 바깥에서 일어날 수도 있으며 누군가의 목숨이 위태로워지고, 모든 실수가 중요성 앞에서 확대되어 버리는 것이다. 따라서 조만간 우리들의 계획 중 일부가 문제에 빠져버릴 때의 좌절감에 대처해야 할 것이다.

이러한 좌절의 한 생성물이 바로 분노이다. 우리를 좌절시키거나 분노케 할 수 있는 생존환경엔 많은 사건들이 있다. 길을 잃거나 물건이 손상되거나 장비를 분실하거나 쾌적하지 못한 기후나 지형, 주변환경 그리고 육체적인 한계가 바로 좌절과 분노의 대략적인 원인이다.

분노와 좌절은 충동적인 반응, 비합리적인 습관, 초라한 의사결정 그리고 실제로 단념하는 자세(사람들은 종종 뭔가를 참을 수 없을 상황에서 그것을 회피하려고 한다)를 고무시킨다. 만약 우리가 작업을 할 수 있고 분노와 좌절에 연관된 감정적 긴장에 대처하는 적절한 길을 열어놓을 수 있다면, 생존에의 도전에 대하여 답변하듯이 우리는 생산적으로 행동할 수 있게 되는 것이다. 만약 분노하는 감정에 적절히 초점을 맞추지 않으면, 생존의 기회든, 주변에 있는 기회든 활동 중에 많은 에너지를 낭비할 수 있게 된다.

● 침울

생존으로 인한 고난에 직면했을 때, 적어도 순간적으로나마 슬퍼하지 않을 사람은 거의 없으리라 본다. 이러한 슬픔이 깊어질 때, 우리는 이를 '침울' 을 느낀다고 말한다. 침울은 분노와 좌절에 가깝게 연결되어 있다. 좌절된 사람은 그의 목표를 이루는 데 실패함에 따라 점점더 분노하게 된다. 이 분노가 그 사람을 성공시키는 데 도움을 주지 않는다면 좌절의 수준은 더욱 높아진다.

분노와 좌절 사이의 파괴적인 순환은 육체적, 정서적 그리고 정신적으로 파괴될 때까지 계속된다. 한 인간이 이 시점에 도달하게 되면, 포기를 시작하게 되고 그의 초점은 "내가 할 수 있는 게 무엇일까"로부터 "내가 할 수 있는 건 아무것도 없어"로 바뀌어 버린다. 좌절이란 바로 이런 절망과 절망적인 느낌의 표현이다.

사랑했던 사람을 잠시 생각하거나 혹은 삶이 '문명'이나 '세상' 뒤에 있는 것처럼 생각할 만큼 슬퍼지는 게 나쁜 것은 아니다. 그런 생각은 실제로 좀더 열심히 살아가고 단 하루라도 더 살아가겠다는 욕망을 자신에게 줄 수 있다. 이와 반대로, 자신이 좌절 상태로 빠져들도록 놔둔다면, 자신의 모든 에너지와, 더욱 중요한, 생존하고자 하는 자신의 의지를 무너뜨릴 수 있다. 우리들이 좌절에의 굴복에 저항하는 것은 불가피한 것이다.

● **고독과 권태**
인간은 사회적 동물이다. 이는 인간이라는 우리는 다른 사람들과의 모임을 즐긴다는 것을 의미한다. 평생을 홀로 있기를 원하는 사람들은 아주 극소수에 불과하다. 잘 알다시피, 생존상황이 닥치면, 어쩔 수 없이 고립되는 위험에 빠진다. 그러나 이것은 꼭 나쁜 것만은 아니다. 고독과 권태는 단지 다른 사람들도 가졌다고 생각되던 표면적인 속성을 가져올 수 있다.

상상력과 창조성의 한계가 자신을 놀라게 할 수 있으며, 그렇게 하도록 요구될 때, 모종의 숨은 재능과 능력을 발견하기도 한다. 유달리 자신이 갖고 있는지 결코 알지 못했던 내부의 정신력과 인내심의 저장창고를 노크할 수도 있다. 역으로, 고독과 권태는 의기소침해지는 다른 원인이 될 수도 있다.

 우리가 홀로 또는 다른 사람들과 생존상황에 처할 때, 요구되는 건설적 사고방식을 지키는 방법을 찾아야 하며, 더 나아가 자기 능력의 수준을 개발시켜야 한다. '홀로 지내기'를 위한 자신의 능력에 대한 신념을 가져야 한다.

● **죄책감**

 자신의 존재를 생존상황으로 이끌어간 환경은 종종 희극적이고 비극적이기도 하다. 삶의 패배자가 되었을 때, 이는 사고나 경쟁의 결과물일 수 있다. 어쩌면 자신이 생존자로서 혼자 있었거나 혹은 몇 사람 중의 하나였을 수 있다. 살아남기 위해 자연적으로 구조되도록 하는 동시에, 다른 사람들의 불행한 죽음을 애도할 수도 있다.

 다른 이들이 죽음으로 떠나간 것에 죄책감을 느끼는 것은 생존자에게 종종 있는 현상이다. 이런 느낌은 긍정적으로 보면, 생에 대한 더 큰 목적의식을 갖고서 살아가고자 하는 믿음으로 생존을 위한 보다 확고한 노력을 하도록 용기를 북돋아 주곤 한다. 때로는, 생존자들이 그들을 죽음으로 이끌어 갈 수 있을 만큼 살아남기 위해 노력했을 것이다.

 어떤 이유든간에 삶을 방해하는 죄책감을 느끼지 않도록 한다. 생존을 위한 기회를 단념하는 삶은 아무 것도 성취할 수 없다. 그런 행위는 가장 큰 비극이 될 것이다.

● 자신에 대한 준비

생존상황에 처한 사람으로서 자신의 임무는 살아남아야 한다는 것이다. 다름아니라 사고(思考)와 감정의 다양한 경험으로 나아가고 있는 것이다. 이는 자신을 잘 나아가도록 할 수 있거나 혹은 몰락으로 가게 할 수도 있다. 두려움, 불안, 분노, 좌절, 죄책감, 침울 그리고 고독들은 생존을 위한 일상적인 수많은 스트레스에 대한 가능한 반응들이다. 건전한 방법으로 통제될 때, 이 반응들은 우리의 생존가능성을 높이는 데 도움이 된다.

이들은 우리가 평소에 더 많은 관심을 갖도록 하고, 놀랐을 때 저항하고, 생계와 안전을 확신시켜 주는 행동을 하고, 타인과의 신뢰를 유지시켜 주며, 수많은 경쟁자들과 대항하여 싸우는 등 우리들을 고무시켜 준다. 만약 생존자가 건전한 방법으로 이런 반응들을 통제할 수 없다면, 그것들을 멈춰버리게 해야 한다. 내부적인 자원을 집중시키는 대신에, 내부적 두려움에 귀를 귀울이게 된다.

우리들은 신체적으로 굴복하기 전에 흔히 심리적인 좌절을 경험한다. 생존이란 모든 이들에게 자연발생적인 것이지 생존을 위한 생사의 투쟁으로 끼어들은 예기치 못한 존재는 아니다. 이런 부자연스런 상황에 대한 자신의 자연적인 반응을 두려워하지 말라. 인간으로서의 명예와 품위를 살리는, 자신의 근본적인 삶을 위하여 이런 반응을 다

스리도록 준비하라.

생존상황에서의 자신의 반응이 파괴적이 아닌, 생산적이란 것을 확신하기 위한 준비를 필요로 한다. 생존에의 도전은 수많은 영웅적 행위, 용기 그리고 자기희생의 실례에서 열매를 맺었다. 자기 스스로 준비했다면, 자신에게 주어질 수 있는 자질인 것이다.

■생존을 위한 심리적 자세

생존심리학의 연구와 생존훈련에의 참가를 통하여 생존에 대한 마음가짐을 계발할 수 있다.

●나 자신을 깨달으라

훈련, 가족과 친지를 통하여, 나자신의 본성을 깨닫도록 한다. 자신의 강한 특성을 강건하게 하고 자신이 알고 있는 영역을 개발함이 생존을 위한 필수적인 요소가 된다.

●두려움을 예측하라

아무런 두려움도 없다고 거짓 시늉을 하지 마라. 두려워하고 있는 것이 무엇인지를 생각해 보는 것이 바로 혼자 살아남기 위하여 가장 적합한 것이 된다. 목표는 두려움을 제거하는 게 아니라, 자신의 두려움을 없애주는 역할을 하는 기능에 대한 확신을 심어준다.

● 현실적이 되라

　상황을 숨김없이 솔직하게 평가하는 걸 두려워하지 마라. 자신이 원하고 있는 주관적인 시각으로 보지 말고, 그것들이 놓여 있는 객관적인 시각으로 주위 상황을 살피라. 평가된 상황의 범위 안에서 자신의 희망과 기대를 유지하라. 비현실적인 기대감으로 생존 상황에 처하게 되면, 혹독한 실망에 빠져 누워버리게 된다.

● 최선을 위한 희망, 최악에 대한 대비

　뜻밖의 모진 환경에 당황하는 것보다는 뜻밖의 좋은 행운에 기분좋게 놀라는 것을 통제하는 것이 훨씬 더 쉽다.

● 긍정적인 시각으로 받아들이라

　모든 것을 긍정적인 시각으로 보는 방법을 배우라. 긍정적인 시각은 도덕적으로 고무시킬 뿐만 아니라, 자신의 상상력과 창조성을 연습하는 데 역시 훌륭한 훈련이 된다.

● 무엇이 위태로운 것인지 자신을 상기하라

　생존에 대처하는 데 있어서 심리적으로 자신을 준비하는 데 실패함은 신체가 부딪치기도 전에 우울, 부주의, 신뢰의 부족, 어설픈 의사결정, 포기로 끝어들인다는 걸 기억하라. 자신의 삶과 자신에게 의존하고 있는 다른이들의 삶이 위태로워짐은 자신의 몫이다.

●평소에 훈련하라

평소의 훈련과 생활의 경험을 통하여, 오늘날 생존의 혹독함에 대처하는 자신을 준비하기 시작한다. 훈련을 통하여 자신의 기술을 시범으로 보여주는 것은 필요한 상황에 닥칠 때 그 기술을 불러내는 확신을 주게 된다. 훈련이 실감날수록, 실제적인 생존 환경에 대한 저항은 작아진다. 훈련시 땀 한 방울은 곧 전투시 피 한 방울이라지 않는가.

●스트레스 관리기법을 습득하라

주위환경이 어떤 것이든 제대로 훈련이 안되어 있거나 직면하고 있는 상황을 심리적으로 준비하지 못했다면 스트레스에 쌓인 사람들은 잠재적인 공황에 빠지게 된다. 우리 자신을 발견하는 데 있어서 때론 생존환경을 제어할 수 없지만, 그런 환경에 반응하기 위한 제어력은 우리 능력 안에 존재하고 있는 것이다.

스트레스 관리기법을 배우는 것은 자신과 다른 사람들의 삶을 유지시키기 위하여 노력하는 만큼 침착하고 집중적인 자신의 역량을 의미심장하게 개선시켜 준다. 개발을 위한 약간의 좋은 기법이란 휴식하는 기법, 시간을 관리하는 기법, 독단적인 기법과 인식적인 재구성 기법들(상황을 분석하는 방법을 제어하는 능력)을 포함한다.

마지막으로, '생존을 향한 강한 의지' 는 바로 '포기에 대한 거부' 로 이어질 수 있음을 항상 상기하자.

자전거여행은 나 자신도 알지 못했던 나를 발견하고 세상을 발견하는 모험이다. 자전거여행은 어떤 극단적 상황에서도 살아남는 서바이벌 생존기술을 익혀 줄 것이다. 지금까지의 익숙했던 환경이 아니라 늘 새로운 환경을 맞이하며 새롭게 배우고 적응하는 법을 몸으로 경험하고, 삶으로 익히게 만들어주기 때문이다.

자, 이제 문을 열고 떠나보자. 자전거를 타고 또다른 세상을 만나보자!

추천사

박주하님의 자전거여행 가이드북 『자전거를 타고 세상을 만나다』를 추천합니다.

『자전거를 타고 세상을 만나다』는 한국 최초의 자전거여행 가이드북입니다. 그동안 자전거 여행기나 라이딩 코스 안내서, 자전거 정비서 등은 많이 있었지만, 정작 자전거여행을 어떻게 준비하고 어떻게 떠나야 하는지를 알려주는 책이 단 한 권도 없었다는 것은 뜻밖입니다. 아마도 국내 최고의 자전거여행가인 박주하님이 계시니 다들 자전거여행 가이드북은 박주하님께 미뤄두신 게 아닌가 싶습니다. 이제 드디어, 마침내 가히 '자전거여행의 바이블'이라도 불러도 좋을 책이 우리 손에 주어졌습니다. 반갑고 기쁜 마음으로 강력 추천합니다.

― **최영규**(한국자전거경영인협회 회장, 오디바이크 대표)

"자연, 사람 그리고 우연과 함께 하는 자전거여행에 가이드북이 과연 필요한가?"라고 질문할 수 있다. 자전거여행을 준비하는 많은 사람들은 그리고 예전의 나 역시 자전거여행을 준비할 때 정보들에 대한 갈급함이 있었다. 준비라 함은 비단 자전거나 장비 등에 국한된 것뿐만 아니라 다른 여행들에 비해 어떤 부분이 더 위험한지, 힘든지, 더 철저히 준비해야 하는지에 대한 경험에 관한 것들도 포함되었다. 그런 면에서 노마드님의 이 책은 물리적인 준비뿐만 아니라, 자전거여행에서 진정 필요한 여행자 자신의 준비에 대한 깊은 조언을, 본인의 풍부한 경험을 통해 예비 여행자들에게 전달하고 있다.

　길었던 여행을 하고 돌아와 다시 평범한 일상을 살아가는 내게 이 책은 다시금 떠날 준비를 하라고 재촉하는 것 같다.

― **베가본더 & 아톰**(전세계일주 부부 자전거여행가)

『자전거를 타고 세상을 만나다』는 '자전거여행 바이블' 이라는 부제에 어울리는, 아주 실용적이고 꼼꼼한 자전거여행 가이드북이다. 그러나 이 책은 자전거여행을 넘어 우리 삶에 대한 가이드북이기도 하다. 여행은 우리 삶의 축소판이다. 자유로운 영혼을 중시하는 저자의 인생철학과 여행 경험이 녹아 있는 이 책은 읽으면 읽을수록 자전거여행을 통해 인생을 지혜롭게, 자유롭게 사는 법을 가르쳐주는 인생의 지혜서 같은 느낌이 든다. 자전거여행을 통해 현지에서 '사람들' 을 만나라는 조언이나, "준비된 자만이 승리한다"는 경험 등이 그렇다. 아마도 미니멀리즘, 노마디즘, 서바이벌리즘을 추구하는 저자의 철학이 책 속에 녹아 있는 탓이리라. 자전거여행 노하우와 함께 인생의 지혜를 찾는 분들께 추천한다.

― **신각수**(전 주일본대사 · 외교통상부 차관)

　자전거카페의 매니저를 역임한 까닭에 많은 분들이 제게 자전거나 자전거여행에 대해 물어옵니다. 제가 아는 한도 내에서 최선을 다해

답해드립니다만, 종종 그것이 최선의 대답이었을까를 생각해봅니다. 그런데 자타공인 최고의 자전거여행가인 노마드(박주하)님이 쓰신 이번 책을 보니 제가 그동안 영 엉뚱한 대답을 한 것은 아니구나 싶어 안심입니다. 그리고 무엇보다도 자전거여행에 대해 질문하는 분들에게 제가 자신있게 권할 수 있는 책이 나와서 정말 다행입니다.

이제 누군가 저에게 자전거여행에 대해 물어본다면 제 대답은 『자전거를 타고 세상을 만나다』 바로 이 책입니다.

— **사시장춘**(네이버카페 '자전거로 출퇴근하는 사람들' 전 매니저)